如临其境

游千年学府岳麓书院

李　兵　钱哲昕　编著
胡　骉　摄影

岳麓書社·长沙

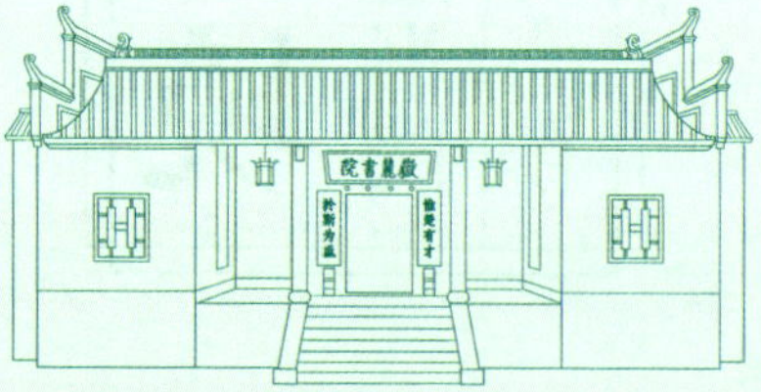
嶽麓書院
惟楚有才
於斯為盛

目录

引 子

岳麓书院，“天下四大书院” 之一，享誉中外的千年学府，当代中国名气最大的书院之一，中华文化地标，湖南标志性的文化景点，外地游客的重要目的地，大中小学研学游的重要场所……岳麓书院之名， 用大名鼎鼎、如雷贯耳来形容似乎都不够。

可是，一旦遇到旅游旺季，在岳麓书院有限的空间里，别说是来“朝圣”“学习” ，就算纯粹来“玩玩”，也可能在人潮的拥挤和喧嚣中化为泡影。于是，在岳麓书院的标志性建筑前拍几张照片，录几段视频，然后在微信朋友圈或者在抖音、视频号中晒一晒，说明自己是参观过岳麓书院的，打卡成功之后，“到此一游”的任务也就算完成了。

对于大多数人来说，与岳麓书院的缘分无法实现“三生三世”，估计最多“一生一次”。正因为只此一次，即便不远千里万里地来了，却只能这样匆匆一瞥，没有能够真正、深入地认识岳麓书院，到离开的时候，心里或多或少会有一丝丝遗憾。

作为一个曾经在岳麓书院学习、工作多年的老师，想尽可能让大家少点遗憾。于是乎，沿着大多数参观者所走的路线，即湘江边牌楼口—湖南大学东方红广场—湖南大学大礼堂—岳麓书院，然后从岳麓书院头门进去，登上赫曦台，沿着中轴线，按照大门—二门—教学斋和半学斋—讲堂—御书楼，再到专祠—百泉轩—中国书院博物馆的参观路线，以这些看得见的建筑为依托，解读在千年历史长河中，一代又一代岳麓书院人为赓续湖湘文脉、传承中华优秀传统文化所做出的艰苦卓绝、锲而不舍的努力，以及他们所取得的举世公认的成就。

在读图时代，一本与景点相关的书不能没有图片。而图片是有温度、有深度的，不是简单用相机、手机一拍就可以体现出来的。湖南大学建筑学院胡骉老师对岳麓书院的建筑文化有独到的见解，他拍出的照片往往能体现出岳麓书院的独特与厚重。为此，我们特别邀请胡骉老师为本书专门拍摄照片，希望给读者朋友们带来更好的阅读体验。

我们试图让读者在品读文字和图片时，有如同身处岳麓书院之中的感觉。让读者在手捧这本书的时候，就好像是与三两好友，或在蒙蒙细雨中，或在明媚阳光中，徜徉在千年庭院的中轴线上，为书院一砖一瓦、一草一木所蕴含的无穷魅力所吸引，因千年湖湘文化而沉思……

院外

“道岸”坊与湖南大学校门

如果从湘江西岸出发，我们参观岳麓书院的起点就是湘江边的“道岸”牌坊和湖南大学校门。

在湘江边，现在的湖南大学校门附近，原来有一个岳麓书院的牌楼，因此这个地方叫牌楼口。在牌楼口有一座石牌坊，一面刻“书院”二字，一面刻“道岸”二字，这就是“道岸”坊。“道岸”坊是朱张渡的湘江西岸牌坊，在湘江东岸还有“文津”坊。

朱张渡又名文津渡，位于长沙市天心区上六铺街与中六铺街相接处的湘江边。南宋时期，在长沙湘江两岸，有两座著名的书院，即东岸的城南书院和西岸的岳麓书院。1167年（乾道三年）阴历九月，南宋理学家朱熹［1130—1200，祖籍徽州婺源（今属江西），生于南剑州尤溪（今属福建）］从福建崇安来到长沙，与城南书院的创建者、岳麓书院的主教张栻［1133—1180，汉州绵竹（今属四

“道岸”牌坊

川）人］一起讨论学术。在两个多月的时间内，他们从此处渡过湘江，往来于岳麓、城南两书院，因此得名“朱张渡”。朱张渡后来成为岳麓书院师生往来城南书院、长沙城区的主要渡口。1812年（嘉庆十七年），湖南学政汤甫捐建朱张渡亭于橘子洲，岳麓书院山长袁名曜作记。现在，朱张渡已经成为了遗迹。湘江两岸新建了两座牌坊，在东岸还立了朱熹、张栻两人的雕像，以纪念两位大师在湖南的讲学盛事。

从“道岸”坊向西横过潇湘大道，就来到湖南大学校门前。湖南大学是全国少数几所没有围墙的大学之一，2006年10月在此建成的校门，其象征意义远远大于实际意义，甚至被人称为“精神之门”。

正因为这样，设计者把湖南大学最重要的元素都集中到了这个校门之上。上面有毛泽东主席亲笔题写的“湖南大学”四个字的校名，有岳麓书院的标志，旁边还有两根爱奥尼石柱。在这里，许多人都会有疑惑，这两根石柱从何而来呢？为什么要放在湖南大学校门旁边呢？

这两根石柱原来并不在这里，它们原本属于湖南大学老图书馆建筑的一部分。湖南大学老图书馆始建于1929年12月，到1933年9月建成，是由湖南大学建筑系教授蔡泽

湖南大学校门

奉先生设计的。图书馆占地面积2666.67平方米，建筑面积1026.67平方米，钢筋水泥结构，欧洲哥特式建筑风格，是湖南大学定名后第一座现代意义的图书馆。

蔡泽奉先生在设计的时候，采用了古希腊的爱奥尼式花岗石柱，中央为穹顶，屋顶建有八方塔，作为观象台。这一幢建筑的设计理念是来源于将美奉为圭臬，认为不美就毫无价值的西洋古典主义。图书馆建成之后也真是美轮美奂，可惜我们现在只能够从这些残存石柱的涡卷中感受它的美了。

原来的石柱有三层楼高，现在的两根只是截取了上下两段。从三层楼高的石柱就可以想见当年湖南大学图书馆的雄伟，它也是当时长江以南最大的图书馆。

新馆建成以后，湖南大学加大对图书馆投入的同时，也吸引着学者和藏书家们向图书馆捐赠自己的藏书。据统计，到1937年3月，湖南大学图书馆的藏书已经达到了69010册，其中珍本、善本和孤本14919册，占馆藏总量的1/5。

历史是有巧合的，也是有机缘的。湖南大学图书馆是1933年竣工的，就在这一年，北京的故宫博物院也开始了艰苦卓绝的文物南迁工作。故宫文物为什么要南迁？因为

民国时期湖南大学图书馆外景

1931年，日本军国主义者悍然发动九一八事变，中国东北三省沦陷。在日本侵略者占据东北之后，很多人就发现日本的野心绝不仅仅是东北，他们对华北也虎视眈眈。一旦日本军队侵占华北，北京故宫的珍贵文物就有被劫掠一空或者在战火中损毁殆尽的危险。正因为如此，1933年1月31日，故宫博物院理事会决定将故宫一部分重要文物南迁往上海。

按照这一决定，从1933年2月5日到5月15日，故宫博物院先后运走5批文物，一共是13427箱又64包。这批文物运到上海之后，藏在故宫博物院驻沪办事处。但这里仅仅是个办事处，并不具备文物储藏条件，因此相关人员立即着手在南京新建库房储藏这批珍贵文物。到1936年，存在上海的文物分5批运到南京新库房。1937年，成立故宫博物院南京分院，以便加强对文物的管理。

然而，不久之后，七七事变就爆发了，藏在故宫博物院南京分院的文物也不安全了。故宫博物院决定把这批文物分三路运往四川：一路运往峨眉县，有7287箱；一路运往乐山县，有9331箱；一路运往巴县（现在重庆巴南区），有80箱。

这三路西迁四川的文物中，运往巴县的80箱文物尤其珍贵，有参加了1935年英国举办的伦敦中国艺术国际展览会的文物，还有当时鉴定委员会没有最后审鉴的700多件卷轴、画册。其中就有故宫珍藏的甲骨（文）、钟鼎、碑拓，范宽的《溪山行旅图》，李唐的《万壑松风图》，郭熙的《早春图》，吴道子的《钟馗捉鬼图》，清宫摹本张择端的《清明上河图》，南宋马远等名家的画，米芾等人的书法作品，以及清代“扬州八怪”留下的珍贵作品。

1937年8月14日，这80箱珍贵文物从南京出发，搭乘建国轮，经长江，于16日抵达武汉，之后用火车运到长沙。先于文物抵达的故宫博物院押运人员曾计时来到长沙后，跟湖南省有关部门商量文物的处置处理方案，最后决定这批文物暂时不迁往四川，而是存放在长沙，并且选定湖南大学图书馆作为文物的储藏点。1937年8月21日，这批文物全部藏入湖南大学图书馆。

为了更好地保护这批文物，故宫博物院的马衡院长亲自到长沙视察文物的贮存情况，并决定在湖南大学图书馆附近的岳麓山开凿山洞，以便更好地保存文物。不过这一计划在1937年11月24日以后就取消了，这一天侵华日军的飞机首次轰炸长沙火车站、小吴门一带。故宫博物院工作人员觉得长沙已经不安全了，于是就放弃了在岳麓山挖山洞储存文物的计划，准备把这批文物先转移到贵阳。1938年1月12日和1月24日，这80箱文物分两批撤离长沙，绕道广西桂林，运往贵阳。

按常理说，从长沙到贵阳，常规路线是长沙出发，经过湘西到达贵阳。为什么要绕道广西而不走湘西呢？原因有两个：一是运送文物的车辆，都是从南京撤出来的公共汽车，完全达不到运送珍贵文物的安全等级。二是当时湘西土匪比较多，万一被土匪抢劫，这批文物将会遭受灭顶之灾。这批文物顺利运到贵阳后，先保存在贵阳的毛公馆，后来又转到贵州安顺的华岩洞，最后转送到四川的巴县，直到抗战胜利。

就在文物撤离不久，1938年4月10日下午两点半左右，27架日军战机就从湖南大学的西南方向，也就是现在中南大学的方向飞过来，轰炸目标就是湖南大学，图书馆正是此次敌机轰炸的重点。

轰炸以后，湖南大学工务组绘制了一张《湖南大学被炸详图》，图上用实心表示炸弹，用空心表示燃烧弹。在这一张图上，图书馆的正中位置有一个实心大圆，也就是说日军战机在这里扔了一个重磅炸弹，他们实际测量后，

民国时期湖南大学图书馆大门

被炸后的湖南大学图书馆

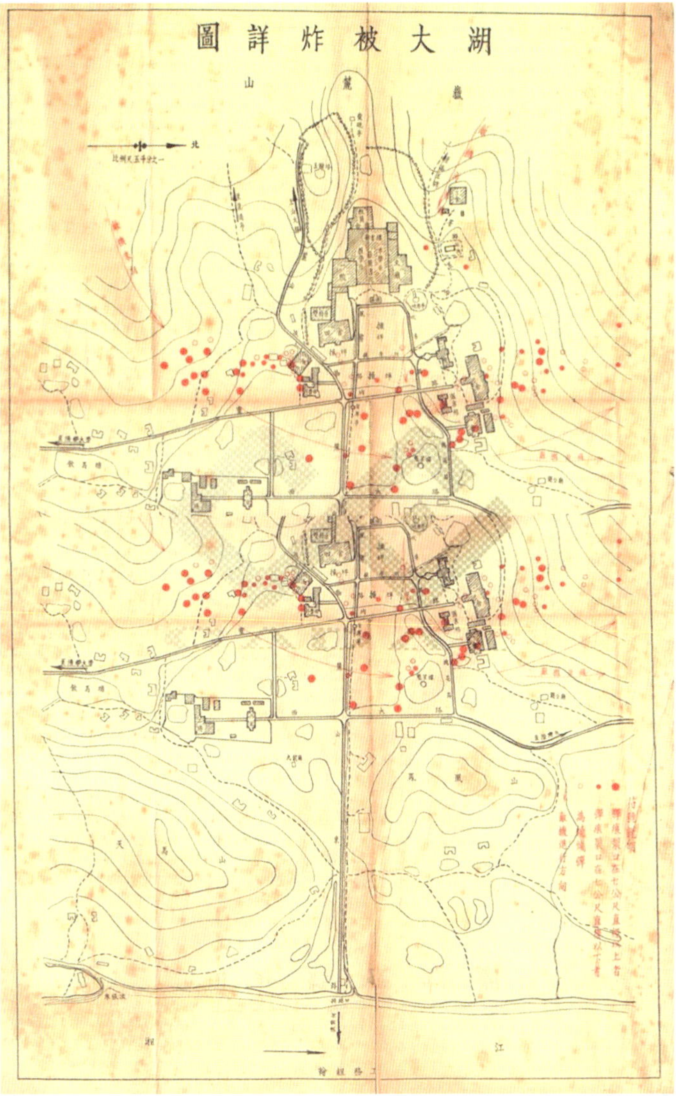

湖南大学被炸详图

发现弹坑直径超过七米。同时，图书馆的位置还有七个空心圆圈，也就是扔了七枚燃烧弹。在一枚重磅炸弹和七枚燃烧弹的轰炸下，湖南大学图书馆顿时成为一片废墟，馆藏的54091册图书化为灰烬，这座江南地区最好的图书馆就只留下四根三层楼高的爱奥尼石柱。

根据《国立湖南大学蒙难纪念特刊》记载，日军战机一共在湖南大学投了50多枚燃烧弹和40多枚炸弹，同时用机枪扫射湖南大学校区，炸死湖南大学学生黎圭、从浙江大学来湖南大学借读的三年级学生曾友松和工友陈玉清三人，炸伤100多人。除了湖南大学图书馆之外，湖南大学的第一、第五学生宿舍在轰炸中倒塌，科学馆和第二院也受到严重损毁。有人估计，这一次轰炸给湖南大学造成的损失超过了200万银圆。

庆幸的是，曾经藏在湖南大学图书馆的故宫博物院珍贵文物，因提前迁走而免遭损毁。抗战胜利之后，藏在四川的文物都集中到了重庆。1947年运回南京。1948年底到1949年初，南迁文物中2972箱被运到台湾，保存在台北故宫博物院，曾经藏在湖南大学图书馆的多件文物成为了台北故宫博物院的“镇院之宝”。1951年，留在南京的文物陆续运回北京故宫博物院，只有2000多箱留在南京库房，由南京博物院代为保管。

此后，岳麓山下的湖南大学本部还两次遭受日军战机的轰炸，分别是1941年的4月18日和5月7日。三次轰炸之后，湖南大学的建筑仅存1/3。这四根爱奥尼石柱是日本军国主义侵华暴行的见证，也是湖南大学这座千年学府和长沙这一座历史文化名城惨遭日本侵略者蹂躏的见证。设计者将老图书馆仅存的花岗石柱放在湖南大学校门前，目的是让湖南大学学子能永远铭记历史，激励他们发愤读书，以真才实学报效国家。

自卑亭与科学馆

沿着牌楼路往岳麓山的方向走，我们来到麓山南路与东方红广场交汇处，右边那座白墙黑瓦的小亭子就是自卑亭。

自卑亭是长沙知府赵宁在1688年（康熙二十七年）修建的，长沙知府大概相当于现在的长沙市市长。赵宁把

老明信片上的自卑亭

自卑亭建在路边，为登山的人提供休息场所。他请当时岳麓书院山长车万育题写了“自卑亭”三个字。以前，岳麓书院的院长不称院长，而称山长。山长是书院的主讲和总理院务之人，这个称呼到清朝发生了改变。1766年（乾隆三十一年），乾隆皇帝下诏，认为山长这个称呼有点不雅，要求全国书院都不再称山长，要称院长。实际上，山长这个称呼已经用了几百年了，大家都习惯了，很难立即改变，于是只在官方文献中改称院长，平时还是称山长比较多一些。

1757年（乾隆二十二年），岳麓书院山长欧阳正焕重建自卑亭。1812年（嘉庆十七年），山长袁名曜改建，把自卑亭从路边建到了道路的正中间，这样所有去岳麓书院的人都要穿过自卑亭。现存的自卑亭是在1861年（咸丰十一年）重建的，为晚清建筑。

自卑亭之名来自儒家经典《中庸》，《中庸》中有“君子之道，譬如行远，必自迩；譬如登高，必自卑”一句，其中“迩”是近的意思，“卑”是低的意思。这句话大意是，人的道德修养，就像长途跋涉，必须从近处开始；就像是攀登高峰，必须从低处开始。

3200多年了，自卑亭静静地立在路边，似乎在提醒着

自卑亭

“湖南大学”匾

从它旁边经过的匆匆行人，无论是道德修养，还是学习、工作，都必须从近处着眼、低处入手，循序渐进，持之以恒。所谓万丈高台起于垒土，千里之行始于足下。只有这样，才有可能实现自己的人生目标。

湖南大学办公楼原来是湖南大学科学馆，始建于1933年，由时任湖南大学校长胡庶华（1886—1968，湖南攸县人）先生主持建设，由蔡泽奉教授设计。科学馆共耗资14万元，占地8666.67平方米，建筑面积6550平方米，共两层，有大小房间41间，红砖清水外墙，这一栋建筑是当时湖南省内规模最大的公共建筑。湖南大学为此举行了盛大的开工典礼，湖南省主席何键亲自参加典礼，并且题写了

1953年岳麓书院大门

“学以致用”四个大字。刻有这四个大字的石碑，现在还保存在湖南大学办公楼入口门厅的墙上。

抗战胜利以后，为了解决学校房屋数量不足的困难，1948年由柳士英教授设计，在原有建筑上加了一层，把原来的平屋顶改为了青铜瓦坡屋顶。现在的二楼和三楼之间，还有女儿墙，可以清楚看到二楼和三楼之间分隔。尽管加建了一层，但整个建筑仍然是浑然一体，这是由蔡泽奉和柳士英两位教授完成的跨越时间的对话。

这一栋建筑在抗战胜利以后一度成为“网红”明星建筑。因为侵华日军宣布投降以后，国内分区受降，在长沙受降的是长衡区。长衡区是指南至衡阳、北到岳阳的范围，中国陆军总司令部接受日军投降的主官是国民革命军第四方面军司令官王耀武中将，他代表长衡区的20余万官兵，接受日本第20军司令坂西一郎中将的投降。1945年9月15日中午，受降仪式在湖南大学科学馆205会议室隆重举行，湖南大学也成为唯一见证侵华日军投降仪式的中国的大学。

“历史总会惊人的相似，但不是简单的重复。”湖南大学老图书馆和科学馆都是蔡泽奉教授设计的。老图书馆被日本飞机轰炸后夷为平地，仅留四根爱奥尼石柱，而科学馆则成为侵华日军的投降之地。我想这是对蔡泽奉教授最大的安慰，也是被日本侵略者多次轰炸的湖南大学不屈不挠生存发展的见证。

湖南大学科学馆（现为办公楼）

湖南大学大礼堂

从东方红广场右边的路继续朝岳麓山方向前行，就来到了湖南大学大礼堂前。

湖南大学大礼堂是由柳士英教授设计的。柳士英（1893—1973）是江苏苏州人，早年留学日本，为著名的建筑学家，其人生经历极具传奇色彩。他自幼丧父，靠母亲抚育成人，曾经有过一段叱咤风云的军旅生涯，15岁时考入江南陆军中学堂，后来追随哥哥、同盟会员柳伯英参加辛亥革命，光复苏州。18岁时，柳士英担任北伐先遣团先锋营营长，率兵攻打南京。二次革命失败以后，他跟着哥哥逃亡到日本，在日本考上东京高等工业学校建筑科，转向学习建筑。

在日本求学期间，柳士英非常清醒地认识到了中国建筑业的落后，立志要做一名建筑师。1934年，在好朋友、著名的建筑学家刘敦桢举荐下，经时任湖南大学工学

大礼堂窗户

院院长唐艺菁教授竭诚邀请，柳士英先生来到湖南大学土木系担任教授。这一次是举家从苏州迁徙到长沙，他在此真正安定了下来。他晚年回忆说：“十几年来，时而工，时而教，说明了当时社会的不稳定和个人事业没有一个方向，动荡不安，人无恒心，直到1934年我来湖大才安定下来。”他在湖南大学生活、工作了四十多年，直至1973年病逝。柳士英教授是建筑学的泰斗级人物，有“南柳北梁”的说法，其中“南柳”就是指柳士英先生，“北梁”就是指著名的建筑学家、梁启超先生的长子梁思成教授，也就是说他与梁思成齐名。

湖南大学近代建筑的设计几乎全部出自柳士英教授之手，比如大礼堂，胜利斋，第一、第七、第九学生宿舍等。在这些建筑中随处可以看到柳士英教授的印记，最著名的就是柳氏圆圈。圆圈是柳先生一个解不开的情结，是他的表现主义手法赋予建筑的旋转和流动。

大礼堂始建于1951年，由柳士英教授设计，李达校长亲自审定修建。李达校长非常关心大礼堂的修建，连大礼堂内部座位的宽窄他都曾亲自试坐，希望能把大礼堂的容量做到最大化，坐得下更多的人。大礼堂于1953年建成，建筑总面积2141平方米，占地面积1094平方米。

湖南大学大礼堂

大礼堂是一个时代的产物。一方面，当时有权的人要求把它设计成中国传统式样；另一方面，受当时经济条件和国家反对建筑中浪费等因素的影响，又不可能完全设计成仿古建筑。因此，柳士英教授在设计时，力图摆脱以往说到民族形式的建筑就是模仿中国古建筑的俗套，如在保留宫殿式大屋顶的同时，通过现代结构加以改造，仅仅求得神似为止。大礼堂建筑的其他细部也是如此，虽然同样有大台基、雕栏、檐下彩画和浮雕等中国古建筑元素，但

大礼堂雕栏

大礼堂檐下彩绘

这些元素都是恰到好处，并没有做得过分繁华。

大礼堂采用了大幅度木屋架以及最经济的钢筋混凝土断面构件等，达到了比较好的使用和环境效果。同时，大礼堂的造价也相对低廉，总造价限制在十五六万元之间。尽管大礼堂的建筑多少违背了设计者柳士英教授的初衷，但在落成之后得到了很高的评价。据说大礼堂属于未批先建的建筑，也就是说还没有得到上级的批准就已经建起来了。后来，有关部门专门派人来调查，不过调查人员看到大礼堂之后，不但没有加以指责，反而大加赞赏，认为建得非常好。此后，各地也纷纷邀请柳士英教授设计相似的建筑，湖北武汉的中南民族学院就有一个与湖南大学大礼堂大体相似的建筑，也是出自柳士英教授之手。

很有意思的是，在大礼堂的左后方还有一个特别的厕所。之所以说它特别，是因为它的屋顶与大礼堂一样，也是柳士英先生设计的琉璃瓦宫殿式大屋顶，这可能是全国唯一拥有豪华屋顶的厕所。据说，有人多次想拆掉这个厕所，都被湖南大学建筑学院的柳肃教授拦了下来。

1955年3月28日的《人民日报》第一版刊登了《反对建筑中的浪费现象》的社论，对于建筑中的浪费现象进行了严厉的批判，社论中说："建筑中浪费的一个来源是我们某些建筑师中间的形式主义和复古主义的建筑思想……他们往往在反对'结构主义'和'继承古典建筑遗产'的借口下，发展了'复古主义''唯美主义'的倾向。他们拿封建时代的'宫殿''庙宇''牌坊''佛塔'当蓝本，在建筑中大量采用成本昂贵的亭台楼阁、雕梁画栋、沥粉贴金、大屋顶、石狮子的形式，用大量人工描绘各种古老的彩画，制作各种虚夸的装饰。有的建筑装饰的造价竟占总造价的百分之三十。"在这种政策环境下，像

大礼堂厕所

大礼堂及其厕所中的琉璃瓦宫殿式建筑自然也就成为了批判对象。

同年的《人民日报》刊登了陈今言的名为《西太后的评语》的一幅漫画，主题也是反对建筑浪费。画上描绘了慈禧太后和一个戴着眼镜、手中拿着丁字尺和设计图纸的人，站在一个用琉璃瓦盖起来的金碧辉煌的厨房前，慈禧太后拍着他的肩膀“称赞”道：“你真是花钱的能手，

漫画《西太后的评语》

我当年盖颐和园都没有想到用琉璃瓦修饰御膳房。”这幅漫画构思非常巧妙，让慈禧太后这位以浪费著称的“花钱能手”，来“称赞”现代的“花钱能手”，不仅突出了浪费的严重性，而且增强了作品的趣味性，给人留下深刻印象。连琉璃瓦顶的厨房都受到如此严厉的批判，琉璃瓦顶的厕所被批判的严厉程度就可想而知了。

在大礼堂后方还有1948—1952年建的湖南大学老图书馆，同样为柳士英教授设计，同样采用了琉璃瓦宫殿式大屋顶，为圆拱形大门，竖向长窗，与岳麓书院、湖南大学大礼堂处在一条轴线上，形成一个具有传统建筑风格的建筑系列，完美地连成了一片早期建筑群。2013年5月，包括大礼堂、老图书馆等在内的湖南大学早期建筑群被国务院公布为第七批全国重点文物保护单位。2017年12月2日，这些早期建筑又入选“第二批中国20世纪建筑遗产”。

湖南大学老图书馆

岳麓书院头门

湖南大学大礼堂大门正对着岳麓书院的头门。

岳麓书院头门是当代建筑。1979年，湖南省、长沙市两级人民政府决定全面修复岳麓书院。1981年，湖南省人民政府正式批复，由湖南大学对岳麓书院进行修复、管理和使用。1986年，岳麓书院修复工程完成，正式对外开放。在此次修复工程中，新建了头门。

头门两侧挂着一副对联，上联是“千百年楚材导源于此”，下联是“近世纪湘学与日争光”。上联彰显了岳麓书院在千年发展过程中的人才培养成就，高度赞扬岳麓书院培养了大量的人才。下联凸显岳麓书院在学术研究与学术传播方面的贡献，肯定它是湖湘文化的源头和大本营。人才培养、学术研究与传播是书院作为教育机构的重要功能。除此之外，书院还有一个重要功能，那就是祭祀。现在学术界把人才培养、学术研究和祭祀称为书院的“三大功能”，也称为“三大事业”。

在头门的正上方挂着一块“千年学府”匾。这四个大

头门

“千年学府”匾

字，是集唐代著名书法家欧阳询（557—641）的字，即从欧阳询的字帖中找出这四个字组成。因为欧阳询是湖南长沙望城书堂山人，又是唐代著名的书法家，集唐代长沙书法家的字而成具有特别的意义。

这块匾的上款是“岳麓书院创立一千零十　湖南大学定名六十周年纪念”，下款是“湖南大学长沙校友会敬献　一九八六年十月五日”。岳麓书院是976年创建，到1986年，当然是1010周年，因此写“千年”是毫无疑问的。然而，为什么写“学府”而不写“大学”？为什么写“湖南大学定名”而不写“湖南大学创建”呢？

一般来说，学府包括大中小学，而大学一般是指培养高级专门人才的机构。岳麓书院不写“千年大学”而写“千年学府”其实是有原因的。在1986年举行岳麓书院创立1010周年暨湖南大学定名60周年庆典之前，湖南大学曾经向上级有关部门申请把校史延伸到岳麓书院创建的976年。申请材料呈送到上级有关部门之后，既没有收到肯定的答复，也没有得到否定的回答，只是委托有关专家进行论证。

当时邀请了厦门大学高等教育研究所学术泰斗、高等教育学学科创始人潘懋元先生和华东师范大学的余立教授两位专家进行论证。后来我去厦门大学读博士时，潘懋元先生还是我的老师，给我们上两门专业课。等需要专家到校论证时，潘懋元先生没有时间来，就指派了厦门大学高等教育研究所的刘海峰教授来湖南大学，他是我在厦门大学读博士时的导师。据刘海峰教授回忆，他和余立教授一起来湖南大学进行论证时，认真阅读了校方提供的所有材料，并没有得出一个肯定性的结论，也就是肯定地说湖南大学的校史可以延伸到岳麓书院创建的976年。但是也没有得出一个否定性的结论，即湖南大学的校史不能够延伸到976年。最后两人得出的结论是：现有的材料无法支撑湖南大学把校史延伸到976年。实际上，他们是给湖南大学将校史延伸到岳麓书院创建的976年留下了空间的，希望湖南大学补充相关材料，等材料补充好了，还可以继续论证。如果材料充分，就可以认定湖南大学的校史为“千年”。虽然湖南大学后来多次组织过专家进行论证，但至今都没有提供让专家非常信服的材料。

湖南大学的校史之所以需要论证，是因为从岳麓书院到湖南大学中间实际存在校名和办学主体的变更。1903年，在清末书院改学堂大潮之下，岳麓书院改为湖南高等学堂。两年之后，湖南高等学堂在岳麓书院正式开始办学。1912年中华民国建立，作为清朝官办学校的湖南高等学堂自动停办了。时任湖南都督的谭延闿考虑在湖南高等学堂的基础上办湖南大学，但因条件不成熟而未能付诸实践，岳麓书院的场地再次空出来了。

同年，依照新学制，将湖南巡抚创建于1907年的湖南全省优级师范学堂改名为湖南高等师范学校，迁入岳麓书院继续办学，以培养中等学校的各科教员。湖南高等师范学校是一所名校，有符定一、杨昌济、徐特立、杨树达等名师执教，蔡和森、邓中夏、舒新城等优秀学生就读其中。湖南高等师范学校从正式开办招收本科生至1917年遵照部令停办为止，共办了两期本科，每期都招了英语、数理、博物三科，毕业学生200余人，对湖南中等教育的发展起到了很大的推动作用。

1915 年，蔡元培先生出任教育部部长，实行大学区制，将全国划分为六大学区，湖南、湖北、四川三省为第三大学区，明确规定学区内的分科大学均设在湖北武昌。因此，湖南高等师范学校也应在武昌。1917 年暑假，在校学生全部毕业后，湖南高等师范学校就并入了武昌高等师范学校，也就是说湖南高等师范学校实际停办了。1917 年秋季，湖南高等师范学校停办以后，在湖南教育界著名人士杨昌济、易培基、朱剑凡、胡元倓等倡议下，经湖南省政府批准，成立湖南大学筹备处，并划出原岳麓书院御书楼、六君子堂及半学斋一片，用来保管高师所有教具、图书、仪器和标本等。

1917年，湖南高等师范学校停办以后，湖南公立工业专门学校迁入岳麓书院办学。1921年，将保存在岳麓书院的湖南高等师范学校的校产全部拨给湖南公立工业专门学校。1926年2月1日，湖南省政府正式宣告，湖南公立工业专门学校、湖南公立商业专门学校和湖南法政专门学校三所专门学校合并，成立省立湖南大学。3月9日，在岳麓书院的静一堂，即现在的讲堂隆重举行了省立湖南大学的开学典礼。

通过上面的梳理，我们可以清楚地发现，从1903年岳麓书院改制，到1926年湖南大学定名的23年之间，岳麓书院内先后有湖南高等学堂、湖南高等师范学校、湖南公立工业专门学校三所学校相继迁入办学。有人认为湖南公立工业专门学校与湖南高等师范学校、湖南高等师范学校与湖南高等学堂之间都没有明显的存续关系，也就是说湖南大学与岳麓书院之间也就不存在存续关系，因此不能把湖南大学的校史延伸到976年。

实事求是地说，如果单从学校办学主体的变迁来看，从岳麓书院到湖南大学之间确实存在断点。然而，大学是个文化机构，需要从文化的传承角度来看，湖南大学传承的就是岳麓书院的文化，这在民国时期几乎是共识。曾三次任湖南大学校长的胡庶华教授直接把岳麓书院讲堂上的“整、齐、严、肃、忠、孝、廉、节”八个字作为校训。在他作词的湖南大学校歌中，非常清楚地写了“承朱张之绪，取欧美之长”，“朱张”就是在岳麓书院讲学的朱熹、张栻。在胡庶华校长看来，湖南大学继承了岳麓书院的办学传统。因此，从文化的传承来看，岳麓书院到湖南大学之间的承续关系是非常清楚的，也就是说湖南大学的

民国湖南大学校徽

历史可以从976年算起。

大学的英文单词是university，它源自拉丁文，是一个自治机构，所以西方的大学是学者自治、学生自治机构。如果用这个概念来比照中国古代的书院，那书院与西方大学这样的自治机构有着明显的差别，因此当代中国大学的历史就不能跟古代书院直接联系起来。

如果我们认为大学是培养高级专门人才、研究高深学问的机构，那么类似岳麓书院这种层次的书院都可以视为中国古代的大学。岳麓书院招收有一定知识基础的成年学生，以宋明理学、阳明心学和经学等为研究对象，这些学问在当代大学中仍然属于高深学问的范畴。因此，从这一角度而言，我们完全可以认为作为古代大学的岳麓书院与湖南大学的历史是可以联系在一起的。

西方学校的校长对这一点是认可的。1986年，在岳麓书院创建1010周年、湖南大学定名60周年之际，当时的哈佛大学校长戴·博克和剑桥大学三一学院院长赫胥黎分别发来贺电。戴·博克校长在发给湖南大学校长的贺电中写道："在湖南大学1010周年之际，我谨代表哈佛大学向湖南大学致以热烈祝贺。你们可以骄傲地回顾致力于高等教育的悠久历史。湖南大学在促进教育发展方面已经发挥了重要的作用，并且用不同的方式对知识的宝库做出了贡献。我们在哈佛向您、您的同仁、校友和学生们表示祝贺，并祝愿你们对教育事业进一步做出卓越的贡献。"他在贺电中直接将当时湖南大学校史定为1010周年。

记得很多年前，我去韩国首尔的成均馆大学参加一个学术会议，发现他们校门上写的是1398年创办，就是从朝鲜王朝设立的第一个国立高等教育机构成均馆算起，至今已经超过600年。如果我国的大学只有100多年历史，那之前高级专门人才是在哪里培养的呢？学问研究和传播是由什么机构来承担的呢？这是值得我们深思的问题。

随着对中华优秀传统文化研究的不断深入，中国综合国力和文化自信不断增强，我想未来从岳麓书院到湖南大学的历史一定能得到大家的认同，湖南大学一定是千年大学。到那时，这块“千年学府”的匾一定会换成“千年大学”，对此我深信不疑，只不过是时间快慢的问题罢了。

在头门的南边，有风雩亭。这个地方原有古池，后来命名为饮马池。1787年（乾隆五十二年），山长罗典在池中修建一座蘑菇状的草亭，取名西亭。1819年（嘉庆二十四年），山长欧阳厚均重建，改名为风雩亭，取名源自《论语·先进篇》中的“冠者五六人，童子六七人，浴乎沂，风乎舞雩，咏而归”，这句话的意思是说，和五六位成年人、六七个小孩，在沂水中洗洗澡，在舞台上吹吹风，再唱着歌儿回家。风雩亭在抗日战争期间被毁，1984年重建。

在头门北边的文庙照壁外，有黉门池。相传宋代尚书

风雩亭

钟仙巢建有吹香亭，宋理宗亲书“仙巢吹香亭”几个字，后来被毁。1788年（乾隆五十三年），山长罗典在此建亭，取名东亭。1819年（嘉庆二十四年），山长欧阳厚均改东亭为吹香亭，以延续古代的名称。1826年（道光六年），将连接岸边和吹香亭的木桥改为石桥。抗日战争期间，吹香亭被毁，石桥保留下来了。1984年重建。亭柱以唐代诗人杜荀鹤的《题衡阳隐士山居》诗中的“放鹤去寻三岛客，任人来看四时花”作为对联。亭内悬挂有“风荷晚香”匾。

吹香亭

岳麓书院院史碑

进入岳麓书院的头门，就可以看到一块石碑，碑上简要地介绍了岳麓书院的千年院史。开头就写“岳麓书院是我国古代四大书院之一”。很多朋友会问，古代的四大书院，除了岳麓书院还有哪三所呢？

其实，所谓“四大书院”，是指全国最有名的四所书院。这里的“大”不仅是指规模大，更主要的是指办学水平高、影响力大，应该是当时全国最好、最有名的书院。

“四大书院”之说是南宋人在评价北宋初期几所著名书院时提出的，但它并不是只有一种说法，而是有很多种说法。每一种说法所列的“四大书院”也并不完全相同，也就是说在不同人的心目中，评价著名书院是有不同标准的。

最早提出“四大书院”之说的是北宋著名文学家范成大，他认为山东泰山的徂徕书院、湖南长沙的岳麓书院、江苏句容的金山书院、湖南衡阳的石鼓书院是“天下四大书院”。南宋著名学者、浙江金华学派代表人物吕祖谦则

岳麓书院是我国古代四大书院之一．北宋开宝九年(976)潭州
太守朱洞创建．元、明、清在此相沿办学．清光绪二十九年(1903)
改为湖南高等学堂，1926年定名湖南大学．
宋祥符八年(1015)真宗赐“岳麓书院”额．张栻、朱熹、王阳
明等思想家曾来院讲学．书院对湖湘文化教育产生过重要影响．建
筑物多为明清遗构，抗日战争时期，部分被毁．院内保存有大量碑
刻匾额．1956年被公布为省级文物保护单位，1981年后分期修复．
保护范围：东至湖大礼堂．西抵爱晚亭停车坪勘下．南抵上山
公路路基护坡，北自黉门池北塘基往西至望江楼勘下一线．

岳麓书院院史碑

把河南商丘的应天书院、湖南长沙的岳麓书院、江西庐山的白鹿洞书院、河南登封的嵩阳书院称为“天下四大书院”。王应麟在《玉海》中把白鹿洞、岳麓、应天府和嵩阳等书院称为“天下四大书院”。宋元之际的著名历史学家马端临把应天、岳麓、白鹿洞、石鼓等书院定为“天下四大书院”。这样，曾经被列为“天下四大书院”的至少有徂徕、岳麓、金山、石鼓、白鹿洞、应天、嵩阳等七所书院。也就是说，“天下四大书院”其实并不是指固定的四所书院。

我们可以看到，这些说法中，既有不同，又有共性。共性便是无论哪一种说法，岳麓书院都名列其中，可见岳麓书院在北宋初期的巨大影响。我个人觉得岳麓书院大致相当于我们现在北大、清华的地位，是当时无可争议的著名书院。

为什么在不同人心目中，“天下四大书院”会有不同呢？这一点完全可以用我们现在大学排行榜来进行类比。我们现在有很多个大学排行榜，每个排行榜排在前面的几所大学也并不是完全相同的。

院史碑上接着写道，“北宋开宝九年（976）潭州太守朱洞创建”，这就是说，岳麓书院是北宋开宝九年即976

年创建的。960年，赵匡胤陈桥兵变，黄袍加身，建立了北宋。岳麓书院就是在北宋初期建立起来的。长沙在宋代称潭州，太守大致相当于我们现在的市长。这句话清楚地表明，岳麓书院是由北宋初期的长沙市市长创建的。

在正式创建书院之前，岳麓书院所在地曾经有人办学。据南宋时期岳麓书院副山长欧阳守道所说：唐末五代时期，有两个和尚，一个叫智璿，另一个不知道名字，他们看到湖南天远地偏，文化非常落后，民风也非常野蛮。他们希望通过办学校，让更多人进入学校学习文化知识，以改变这种状况，所以就在岳麓山下建了一所学校。这两个和尚办学非常用心，所有事情都亲力亲为。建好校舍之后，他们派遣徒弟到京城去买书并且背回来，尽量改善这里的办学条件。欧阳守道说，岳麓书院就是以他们所办的学校为基础建起来的。

石碑上接着写，“元、明、清在此相沿办学”。如果只从字面看，似乎是说岳麓书院从北宋到明清一直延续办学，中间没有任何中断。但是，真实历史并不是这样的，在岳麓书院发展史上，多次出现因为战乱而中断办学。

北宋被金兵灭亡之后，南方的战火也连年不绝。1132年（绍兴二年），岳麓书院毁于战火，成为废墟。直到

1165年（乾道元年）才开始修复，次年正式恢复办学，中间间隔了34年之久，这是岳麓书院发展过程中的第一次长时间中断。

南宋末年，元兵围攻长沙，书院师生协助长沙守军奋勇抗元。长沙被元兵攻陷以后，岳麓书院于1275年（德祐元年）再次被毁。至1314年（元延祐元年）才得以重修，中断近40年，这是岳麓书院发展史上的第二次长时间中断。

1368年（至正二十八年）岳麓书院第三次毁于战火，直到1494年（弘治七年）才重建开学，荒废了126年，这是岳麓书院发展过程中的第三次中断，也是中断时间最长的一次。

明朝末年，岳麓书院再次被毁。清初重建后，又因三藩之乱而中断，直到1684年（康熙二十三年）再次恢复办学，前后中断了20多年，这是岳麓书院史上的第四次长时间中断。

在中国教育史上，因为战争、朝代更迭而中断办学是比较常见的事情。岳麓书院院史碑上写“元、明、清在此相沿办学”，是从岳麓书院发展的大趋势而言。

赫曦台

赫曦台的由来

在岳麓书院院史碑左侧，沿着台阶往上走，就来到了赫曦台。“赫”是红如火烧，泛指红色的意思，“曦”是日色，阳光的意思，而且多指早晨的阳光。赫曦台即指早上看红色太阳、看日出的地方。大家都知道看日出的最佳位置是在山顶上，而赫曦台最早确实是建在岳麓山的山顶上。

赫曦台与朱熹、张栻有关。1167年（乾道三年）农历八月，朱熹带着林择之、范伯崇两个学生，从福建崇安出发，长途跋涉千里，在九月初八日终于到达了岳麓书院。

关于朱熹不远千里来岳麓书院的原因，学者们有多种解释。比如，有人认为朱熹来岳麓书院，与1165年（乾道元年）重修岳麓书院的湖南安抚使刘珙有密切关系。因为刘珙的叔父是福建的刘子翚，他从小跟随刘子翚学习。而刘子翚又与朱熹关系不同一般。朱熹十四岁时，他的父亲朱松在过世前把他托付给了刘子翚，也就是说刘子翚抚养朱熹成人。因此，刘子翚对于朱熹来说，既是老师，也是父亲。这样，刘珙与朱熹是好友兼兄弟的关系。刘珙修复岳麓书院后，曾经邀请朱熹来岳麓书院。

尽管现存的文献并没有说刘珙邀请朱熹来岳麓书院的目的是什么，但当时刘珙正在为岳麓书院寻找山长，他想邀请朱熹来当山长应该是合理的推测。但朱熹以天气太热为理由，婉拒了刘珙的邀请。因此，有学者认为朱熹这次来湖南，是来见刘珙的。

还有学者认为，朱熹之所以来湖南，是因为老师李侗去世后，他在学术上有困惑，所以想来找在长沙讲学的张栻一起探讨、交流。我认为这种可能性很大，当一个人思想上有困惑时，想解开心中的结，这是山千重、水万里也无法阻挡的。

朱熹与张栻之前就已经认识了。1164年，张栻的父亲张浚病逝，张栻扶父亲灵柩过江西时，朱熹曾前去吊唁，并且送到江西丰城，他们俩一起聊了三天。朱熹对张栻的印象非常好，认为张栻“其质甚敏，学问甚正”，也就是说张栻思维很敏捷，很聪明，学问根基也非常好。但是，他们俩在讨论学术时，在很多问题上也有不同的看法。正因为这次见面，他们俩建立起了联系，当朱熹学术上有困惑时，自然会想到张栻这位学友。

对于现在来岳麓书院的大多数参观者来说，基本都知道朱熹这位南宋的大学者，但是如果不来岳麓书院参观，几乎没有人了解张栻，甚至连名字都没有听过。那么是不是因为张栻与岳麓书院有密切关系，岳麓书院的后来者就有意抬高他呢？其实，在南宋，张栻与朱熹是齐名的。有人把朱熹、张栻和吕祖谦［1137—1181，婺州（治今浙江金华）人］三位年龄相当的学者并称为“东南三贤”。现在很多人不知道张栻，我想有两个主要的原因。

第一是年岁及学术传承的问题。朱熹是1130年出生，1200年过世的，活了71岁。在宋代能活71岁真正是古来稀了，应该少之又少。张栻的情况就不同了，他是1133年出生的，比朱熹小三岁，但是他1180年48岁时就去世了，比朱熹早20多年去世。正是在这20多年里，朱熹的思想发展得更加成熟，更加全面，也写出了大量的著作，建立了自己的学术体系，并且培养了一批忠实、优秀的弟子，他们大力弘扬老师的学问，所以朱熹的名气更大。

而张栻在学术体系建构和弟子培养方面都不及朱熹。张栻虽然有著作问世，但是没有完成自己学术体系的构建。他去世之后，他的很多弟子改投其他门派，比如跟随朱熹学习闽学，跟随陆九渊学习心学，跟随叶适、陈亮学习事功学等，极力弘扬自己老师学问的弟子比较少，因此张栻在后世的影响力比不上朱熹。

第二是两人的人生经历不同。朱熹和张栻两人虽然都做过官，但是两人在任的时间有些差别。朱熹是19岁中进士，21岁开始做官，到他去世时，有长达50年的时间。朱熹担任地方官前后仅有九年，担任京官更是只有短短的46天。他的大部分时间都是用来著书立说、讲学等，这对他成为闻名全国的大学者是极为有利的。

而张栻在31岁前做过官，之后在湖南创办了城南书院。1165年岳麓书院修复，他来参观之后，非常喜欢，认为这里是一个研究学问、讲学的绝佳之处，表示非常愿意来岳麓书院工作，并于次年正式来岳麓书院担任主教。到岳麓书院工作之后，他并不是一直都没有离开。1169—1171年，因刘珙推荐，张栻离开岳麓书院到外地任官。他被罢官之后，再次回到岳麓书院工作。1174年，张栻再次离开岳麓书院去外地任官，之后就没有回来了。从1166年到1174年的九年时间内，他实际在岳麓书院工作的时间只有六年多。在张栻人生的最后几年里，本来应该是学术上逐步走向成熟的时间，恰恰都在做官，他很难有时间和精力来全身心地投入学术研究。因此，张栻的学术影响不如朱熹就完全在情理之中。

张栻是与朱熹齐名的大师，是岳麓书院在南宋时期走向辉煌的重要推手。现在岳麓书院把朱熹和张栻放在一起，确实不是要借朱熹来抬高张栻，只是大家对张栻不大了解而已。我们需要把张栻对岳麓书院的影响和他的学术思想更多地挖掘出来，让大家更全面地了解张栻，才不会产生张栻需要借朱熹上位的误解。

按照张栻的学术影响和地位来说，他来岳麓书院当山长应该是众望所归的，但事实上他的身份只是主教，而不是山长，其中的原因又是什么呢？

首先，张栻到岳麓书院工作是1166年，而他的父亲张浚是1164年去世的。按照古代的礼制，父母死了之后，儿子需要丁忧三年，这三年内不能做官。他到岳麓书院时，还处在丁忧期间。因此，从礼制的角度而言，他不大适合担任书院山长这个职务。

其次，与他的老师胡宏有关。张栻曾经拜湖湘学派的奠基人物胡宏为师。胡宏曾经上奏朝廷，请求到岳麓书院当山长，但是奸臣秦桧从中作梗，胡宏的愿望始终没有实现。张栻认为自己的老师都没有当上岳麓书院的山长，因此自己也不能当，以表示对老师的崇敬。从现有记载来看，当时岳麓书院的山长是彪居正，他是张栻的同学，也是胡宏的学生。

朱熹来岳麓书院以后，张栻热情地接待了他。朱熹在岳麓书院待了两个月，两人围绕儒家经典的“中和”“已发”“未发”等问题进行了深入的、激烈的、持久的研讨。他们有私下的讨论，也有公开的辩论。由于朱熹属于闽学，张栻属于湖湘学，两人分属不同的学术学派。这种不同学术学派的交流，在宋代有一个专有名词，称为“会讲”，因此他们两人的会讲被称为“朱张会讲”。有史料记载，他们的公开辩论持续了三天三晚，都没有达成一致看法。

朱张会讲在当时是一场影响巨大的学术活动，吸引了一大批人前来听讲、学习。有文献记载：“一时舆马之众，饮池水立涸。”这句话的意思是说，朱张会讲时，慕名前来听讲的人骑来的马多，把岳麓书院旁边饮马池的水瞬间就喝干了。值得注意的是，这句话用了一个“立”字来形容听讲者骑来的马之多，说明了慕名前来听讲者人数之多。

实事求是地说，在朱熹、张栻所处的时代，肯定没有音响设备，听众不大可能有太多，我估计最多也就是几百人，否则他们嗓门再大，后面听众也很难听得见，更何况要持续三天三晚呢。不过，即使听讲者没有成千上万，也不能否定朱张会讲的影响。那时候既没有手机，也没有网络、电视等传播方式，院外的人怎么知道朱熹来岳麓书院讲学的消息呢？又是怎么知道朱熹、张栻哪一天要会讲呢？有这么多人来听讲，完全可以说明朱张会讲的影响之大，他们会讲的内容也确实能吸引人，应该是知识界普遍关心的话题。如果用我们现在的话来说，朱熹、张栻绝对是顶流。

讲学之余，两人会一同去爬岳麓山。某日，朱熹、张栻早晨登上岳麓山顶，看到初升的太阳很漂亮，朱熹兴奋地说："赫曦！赫曦！"张栻看到朱熹这么兴奋，就在山顶上建了个台子，用来看日出，命名为"赫曦台"，朱熹则题写了"赫曦台"三个字。建在山顶上的赫曦台，在南宋末年消失了。元代和明代两次重建，都没有保存下来。

1790年（乾隆五十五年），岳麓书院的山长罗典在岳麓书院大门前建了一座亭子，当时叫做前亭，也叫前台。1821年（道光元年），有人在岳麓山山顶发现了朱熹题写

赫曦台

赫曦台匾

的“赫曦台”三个字的残碑。于是就把这座前亭改名为赫曦台，以纪念朱熹、张栻等这些与岳麓书院有关的前辈。赫曦台的建筑进行过多次翻修，现存建筑是1868年（同治七年）修的。不过，我一直认为，尽管现存的赫曦台是清代的建筑，却是宋代朱熹、张栻在岳麓书院讲学遗存的见证，也是岳麓书院最有代表性的人文胜地之一。

原来岳麓书院前面是一片开阔的田地，站在赫曦台上可以看到初升的红太阳。只是后来相继修建了大礼堂、头门等，现在站在赫曦台上已经无法看到初升的太阳了。

民国湖南大学全图

《登岳麓赫曦台联句》

在赫曦台正中央立着一扇屏风，屏风上面有三首诗，作者分别是三个不同历史时期与岳麓书院有密切关系的人物。

第一首诗是《登岳麓赫曦台联句》，是朱熹和张栻两人合写的。

首联“泛舟长沙渚，振策湘山岑”，是朱熹写的。这里的“渚”是水中的小块陆地的意思，诗中是指湘江中的橘子洲。“泛舟长沙渚”大概意思是，从朱张渡横渡湘江，经过橘子洲；“振策”是扬鞭走马的意思，“岑”是小而高的山，诗中是指岳麓山。“振策湘山岑”的意思就是登上岳麓山。

颔联“烟云渺变化，宇宙穷高深”和颈联“怀古壮士志，忧时君子心”，都是张栻写的。“烟云渺变化”的意思是万事万物变化多端，“宇宙穷高深”的意思是要探究宇宙中最深邃的学问，这一联充分地表现出了张栻对学

登嶽麓赫曦臺聯句
朱熹 張栻
泛舟長沙渚 振策湘山岑
烟雲渺變化 宇宙窮高深
懷古壯士志 憂時君子心
寄言塵中客 莽蒼誰能尋
望赫曦臺
王守仁
隔江嶽麓懸情久 雷雨瀟湘日夜來
安得輕風掃微靄 振衣直上赫曦臺
和周世釗同志
毛澤東
春江浩蕩暫徘徊 又踏層峰望眼開
風起綠洲吹浪去 雨從青野上山來
尊前談笑人依舊 域外雞蟲事可哀
莫嘆韶華容易逝 卅年仍到赫曦臺

赫曦台屏风

术的追求。“怀古壮士志”是说张栻有类似荆轲那种壮士的志气，敢于与入侵的金兵对抗，希望能尽快恢复中原；“忧时君子心”表明他时时关心社会、政治，并不是躲在书斋中的书呆子。

张栻的这种壮志确实与抗金有关。当时金兵灭了北宋，恢复中原成为不少南宋读书人矢志不渝的追求，张栻的父亲张浚一生戎马倥偬，坚持带兵抗金。临终时，他对张栻说，自己虽然曾经当过宰相，但是没有实现恢复中原的愿望，不能雪祖宗之耻，他死了以后，不要埋葬在祖坟旁边，因为没有脸见他们，希望张栻把他葬在湖南衡山下。正是受父亲的影响，张栻一直以恢复中原为志向。张栻年轻时确实跟父亲打过仗，参加过抗金战争。后来，他虽然做了十多年官，都没有机会带兵打仗，但他一生始终坚持抗金的理想。所以张栻的“壮士志”是一种恢复中原的大志向。在南宋的大环境下，张栻恢复中原的志向没有办法实现，他就把这种志向转化为关注民生、关注现实的情怀，这就是他所说的“忧时君子心”。

张栻担任岳麓书院主教时，非常反对学生片面追求科举功名，反对老师只教一些跟实际没有联系的应试知识，他提出岳麓书院应该“以传道而济斯民”为宗旨。

“传”就是传授、转授于人的意思，“道”在这里是指孔孟之道、儒家之道，“济”在这里是救济、帮助的意思，“民”就是老百姓的意思。张栻提出的传道济民的办学宗旨，就是要求岳麓书院在传承和传播孔孟之道、儒家之道的同时，也要关心、帮助老百姓，关注现实，经世致用。颔联的“烟云渺变化，宇宙穷高深”所表达的就是“传道”，颈联的“怀古壮士志，忧时君子心”表达的则是“济民”，这是张栻思想的充分体现。

尾联“寄言尘中客，莽苍谁能寻”是朱熹写的，这里的“寄言”是寄语、告诉的意思，“尘中客”是普通人的意思；“莽苍”是密生的草，也泛指草，“谁能寻”也就是哪里能找到的意思。这一联的意思是说，普通人怎么会知道、会理解我们对学问的追求，以及关注现实的志向和情怀呢。这里表达了朱熹、张栻两位青年学者追求学问、关注现实的远大理想和志向。

这首诗在宋代诗歌中，算不上什么名篇，但由于朱熹、张栻曾在岳麓书院讲学，写的内容又跟岳麓书院有关，把它放在这里是非常合适的。这首诗到底从什么时候开始放在这里，我也无法提供准确的答案。然而，我们可以确定的是1915年就已经在这里了。

《望赫曦台》

赫曦台中央屏风上的第二首诗是《望赫曦台》，作者是王守仁（1472—1529）。尝筑室故乡阳明洞中，世称“阳明先生”，他的学问也被称为阳明心学。清代学者王士祯赞扬王守仁为“明第一流人物，立德、立功、立言，皆居绝顶”，认为他是“三立”人物。所谓“三立”人物，就是说王守仁的道德修养极高，做到了立德；官职非常高，晚年官至南京兵部尚书、都察院左都御史，封新建伯，死了以后追赠侯爵，做到了立功；他是明代心学的集大成者，真正做到了立言。他是中国历史上少有的“三立”人物。

这首诗开头就写“隔江岳麓悬情久，雷雨潇湘日夜来”，意思是说：湘江对岸的岳麓山和岳麓书院我向往已久，在雷雨天气来游岳麓山和岳麓书院。那么，王守仁是什么时候到长沙的呢？他是浙江余姚人，考中进士后，在兵部做官。兵部大概相当于我们现在国防部。1506年（正德元年），35岁的王守仁因为得罪了宦官刘瑾，被打了四十棍之后，下了诏狱。一般来说，下诏狱的人很难活着出来。然而，王守仁不但活着出来了，还没有被削职为民，只是被贬到贵州修文的龙场担任驿丞。驿站是古代供递送公文的人或者往来官员暂住、换马的场所，大概相当于我们现在的官方招待所吧，驿丞就是招待所的所长。明朝廷将王守仁这样一个堂堂的国防部官员，贬到贵州龙场这样偏僻、落后的地方去当一个招待所的所长，从精神角度来看，比将他削职为民也好不到哪里去。

接到这一任命之后，王守仁很不想去，但是在父亲王华的劝说下，他最终决定去贵州龙场上任。1508年（正德三年）正月初一，他从浙江起程，经江西，在春天到达了长沙。到长沙以后，他生病了，他说自己“不独病齿畏风湿”，也就是说，他牙齿疼且感冒了。因此，他在长沙停留了八天。

这八天中，他在长沙见到了很多地方官，其中有湖广提学佥事陈凤梧和长沙知府赵维藩。提学佥事大概相当于我们现在一个省分管文教的副省长，长沙知府大概相当于长沙市市长。尽管现有的文献并没有湖南地方官找医生帮他治病的记载，但是我相信他们一定是帮了他的。

王守仁曾经写了一首500多字的长诗，这也是他这辈子写的最长的诗，把他在长沙的活动比较清楚地记载了下来。在诗歌中，王守仁提到本来长沙知府赵维藩等人想天晴以后陪他游岳麓山，但是长沙府的一个叫周金的秀才非常热情，看到雨稍微小了一点，就迫不及待地陪他过了湘江，然后沿着江边通往梅堤的路线走向岳麓山。他说“赫曦远望如石鼓”，也就是说在岳麓山下远远望着赫曦台，它就像一面石鼓，这也说明赫曦台在明代还只是一个台子，并不是一个亭子。他又写道“下拜朱张息游地”，“朱张息游地”指的就是岳麓书院，是朱熹、张栻等人讲学之所，这句诗的意思是说他们一起参观了岳麓书院。

王守仁在诗中写道“雷雨潇湘日夜来”，这一方面是写自然的天气情况，另一方面也是写他所处的恶劣政治环境，毕竟他是一个被贬的官员。因此，他到岳麓书院时只是一个游客的身份，没有岳麓书院山长接待他和邀请他讲学的记载。不过，参观完岳麓书院，王守仁的心情完全变了，他写道：“安得轻风扫微霭，振衣直上赫曦台。”这两句的意思是，自己到岳麓书院以后，非常振奋，一扫心中的阴霾。“振衣”就是整理好衣服的意思。因为心情好，本来身体不大好的王守仁很快就登上了岳麓山，还去参观了赫曦台。到了晚上，他就住在岳麓山上的寿星观里。

正因为对岳麓书院的感觉非常好，王守仁离开长沙时，与湖广提学佥事陈凤梧约定以后来岳麓书院讲学。只是，1509年（正德四年）他就从贵州赴任庐陵知县，并没有按照之前的约定来岳麓书院讲学。尽管他自己没有来，但是后来他的多位弟子、再传弟子都曾到岳麓书院讲学，把他的心学带到了岳麓书院，使岳麓书院成为心学的重要传播基地，这也许是他来参观时没有预料到的吧！

赫曦台中央的屏风上的第三首诗《和周世钊同志》，作者是毛泽东，是1955年10月4日写的。

“福”字和“寿”字

赫曦台原叫前台或前亭，于1790年修建。1821年，为纪念朱熹、张栻而改名赫曦台。实际上，这一建筑的用途并不是为了看日出。整个建筑的平面呈“凸”字形，用石头砌起高高的台基，前面是开阔的书院大门前坪，是用来唱戏的戏台。

这里曾经确实演过戏。20世纪80年代修复赫曦台时，还在墙壁底层发现了戏班残留的字迹。在赫曦台两面墙壁的屋檐上，有戏曲故事的雕塑，比如《秋胡戏妻》《老子出关》《麻姑献寿》《张良进履》《加官进禄》等。

在赫曦台两边墙壁上，分别有“福”字和“寿”字，仔细看这两个大字，你会发现它们的书写风格有明显的差异。一般来说，像这种建筑物上对称的字，应该同一种书法，甚至是由同一个人来写。为什么会出现不同的情况呢？

赫曦台“寿”字

赫曦台“福”字

对此，岳麓书院的正式文献并没有记载，仅只有一个口口相传的故事，据说与岳麓书院山长罗典重赴鹿鸣后举行的盛大庆祝活动有关。重赴鹿鸣是明清科举的一个专有名词。明清两代，各省乡试之后，正副主考官、同考官、考场工作官员和新录取的举人都有资格参加庆祝宴会，由于在宴会上会齐唱《诗经·小雅》中的首篇《鹿鸣》诗，因此被称为“鹿鸣宴”。清朝规定，读书人考上举人六十年后，遇到乡试之后举行鹿鸣宴，他们就有资格再次参加，这就叫重赴鹿鸣，是极高的荣耀。

清代考中举人本身就不容易。在正常情况下，乡试每三年举行一次。举人名额是由清廷直接分配到各省的，比如乾隆年间，湖南每科乡试的取中名额是46名，平均每年不到16个。应该说，考中举人比现在考上北大、清华难多了。现在每年北京大学、清华大学在湖南录取的人数都超过180人，也就是总数超过360人，远远多于明清湖南乡试录取的举人数。

有学者研究，明清读书人考中举人的平均年龄是30岁左右。据此推算，重赴鹿鸣宴的人一般都在90岁左右。在清代，能活到八九十岁是极为难得的。在整个清代，全国重赴鹿鸣宴的举人仅有150多人，平均每年还不到一人，罗典山长算是其中之一。

罗典是湖南湘潭人，1718年（康熙五十七年）出生，1747年参加（乾隆十二年）丁卯科湖南乡试，名列第一，取为解（jiè）元，当年他正好29岁。六十年后的1807年（嘉庆十二年）丁卯科湖南乡试后，罗典获得重赴鹿鸣宴的资格，这是莫大的荣耀。这一年，正好也是他九十大寿（虚岁）。

在罗典重赴鹿鸣宴的当天，岳麓书院举行盛大的庆典，参加者有湖南各级官员、名流、绅士和岳麓书院学生等，他们都来祝贺这位德高望重的山长迎来的人生高光时刻，同时也祝福九十高龄的山长健康长寿。

庆典举行时，从院外来了一位脚穿草鞋、身着道袍的老道士。岳麓书院是研究和传播儒学的场所，而一个老道士冒昧前来，在场的人都有些疑惑，并不知道他的来意，甚至有人认为他是来蹭吃蹭喝的。因此，有人要他写几个字，看看他到底有没有文化，到底有没有实力来参加这么重要的活动。

看到这样的情况，老道士表情十分严肃，随手拿起一把扫帚，在地上蘸满黄泥，走到赫曦台上，对着赫曦台的白墙，唰唰两笔就写了一个大大的“寿”字，似乎是要告诉在场的人，自己就是来为罗典山长祝寿的，你们却不欢迎我，真是有眼无珠啊。他的这一举动，让在场的人都惊呆了，他能写出这样好的字，绝非常人。写完“寿”字，老道士扔下扫帚，转身扬长而去。

中国传统建筑讲究对称美，这面墙有了“寿”字，对面的墙壁上却空着，怎么办？罗典山长派人到处去找老道士，却怎么也找不到了。为了不让“寿”字对面的墙空着，九十岁高龄的罗典山长只好亲自出马，在对面墙壁上写了个大大的“福”字。也许罗典山长年龄实在太大了，也许他并不擅长写太大的字，实事求是地说，这个“福”字的笔力比“寿”字恐怕要相对弱一点。

尽管字体不完全相同，笔力也有些许差别，但是“寿”“福”两个字为赫曦台这座用于举行重大活动的建筑增添了喜庆、吉祥的寓意。赫曦台的天花板上除了八卦图之外，还有蝙蝠图案，“蝠”与“福”同音，也是吉祥的寓意。

尽管中华优秀传统文化看起来似乎离我们有些遥远，但只要用心去感悟、去践行，依然还有它的价值，有它的意义。比如，如果家里有老人做寿，把岳麓书院这个“寿”字的拓片送给他们，应该比一般的礼物都要更珍贵。有亲戚朋友搬家，把装裱好的岳麓书院的“福”字拓片送去，相当于送福气，人家自然也会喜欢。

在赫曦台的正面还有一副对联，对联是清代巡抚左辅［1751—1833，江苏阳湖（今属常州市）人］撰写的。上联是“合安利勉而为学”，下联是“通天地人之谓才”。上联中“安利勉”出自《中庸》：“或安而行之，或利而行之，或勉强而行之，及其成功，一也。”这句话的大概意思是说，有的人是发自内心地去修身，有的人是看到了好处才去修身，有的人既不是自发，也不是为了好处，而是勉强去修身。但是只要去修身，也就是一样的了。上联实际上是告诉岳麓书院的学生，无论你的动机如何，出发点是什么，只要真心去努力学习、提升自己，就一定有成功的可能。

下联中的“天地人”出自《易经》：“有天道焉，有人道焉，有地道焉，兼三才而两之，故六。六者非它也，三才之道也。”这句话的大概意思是：有关于天的道理，有关于地的道理，有关于人的道理，把天地人各用两爻来表示，一共是六爻。这六个爻不是别的，是讲天地人的道理。下联实际是告诉岳麓书院的学生，必须精通天地人的道理，有广博的知识才能够称得上是人才，才能够实现自己的人生抱负，这既是湖南巡抚左辅对岳麓书院教学的要求，也是对岳麓书院学生的期许。

赫曦台左辅撰对联

大门

地面和门额

走下赫曦台的台阶，来到岳麓书院大门前面，可以看到地面都是由大块麻石铺成的，这是岳麓书院历史上留下的地面。虽然不大平整，但是显得有历史感、沧桑感。我们只要留意观察，就会发现地面上有个独特之处——有两个方块，一个大，一个小，大的靠近赫曦台，小的靠近大门。岳麓书院举行重大庆典时，就在这两个方块的位置摆供桌，因此它们实际起到了定位的作用。

站在这片充满沧桑感的地面上，抬头就能看见岳麓书院大门。大门被视为湖南的招牌、名片，经常出现在宣传湖南的各种媒体报道、宣传册上。每年几百万来自世界各地的参观者基本上都会选择以岳麓书院大门为背景拍一张照片，这里是岳麓书院曝光率最高的地方。

岳麓书院大门始建于北宋，当时称“中门”。明朝重建岳麓书院时才建在现在这个地方。现存建筑为1868年

岳麓书院大门前地面

岳麓书院大门

（同治七年）重建，此后进行过多次修缮。“岳麓书院”四个大字应该是宋真宗御笔亲书，赐给岳麓书院山长周式的。岳麓书院之所以能得到宋真宗亲笔题写的门额，有两个重要原因。

第一个原因是岳麓书院办学水平高，得到朝廷的高度认可。岳麓书院从976年开始办学，只用了30多年，就成为闻名全国的书院了。1015年，远在都城开封的宋真宗从身边大臣口中了解到了岳麓书院的办学情况，对山长周式的道德修养和教育管理水平都非常赞赏。于是，他决定在开封召见周式。在信息传播手段非常落后、方式非常单一的情况下，远在开封的皇帝都能知道岳麓书院的办学情况，知道周式这位山长，足以说明当时岳麓书院的名气和影响之大。

周式接到皇帝召见的谕令后，从长沙来到了开封。宋真宗亲自接见了他，听了他关于岳麓书院工作的报告后，真心赏识他，要任命他为京城最高学府国子监的主簿。然而，周式山长一心只想回岳麓书院工作，婉言谢绝了宋真宗的任命，这让宋真宗非常感动。于是，宋真宗御笔亲书“岳麓书院”四个大字，让周式带回来，这应该是对岳麓书院和周式的极高肯定和褒奖。

湘江边的牌楼上，有一块明代石碑上刻了“岳麓书院”四个大字。牌楼被毁之后，这块石碑被丢弃在水塘里，这块重几百斤的石碑反而因此被幸运地保存下来了，现在还放在岳麓书院陈列馆，这四个大字可能用的是宋真宗的字迹。现在大门匾上的“岳麓书院”四个大字就是从那块明代石碑上拓下来的，只能说有可能是宋真宗的字迹吧。

在岳麓书院千年发展史上，其实不止宋真宗一个皇帝为其题过字。两百多年后的1246年，南宋理宗再次给岳麓书院题写院名，这是岳麓书院第二次得到皇帝御笔亲书的院名。很遗憾的是，宋理宗的字也没有保留下来。在此之后，再也没有皇帝为岳麓书院题写门额了。我想可能是之后的皇帝认为，前面都有皇帝题了字，没有再题字的必要了。更何况，后来的皇帝们可能还会想，自己的字也不一定能超过宋真宗和宋理宗，何必自讨没趣呢。

周式这次去京城开封，除了得到皇帝亲笔书写的“岳麓书院”四个字以外，还得到了御赐的对衣、鞍马和内府书籍。宋代的皇帝召见大臣时，经常赐给对衣、鞍马，苏轼的弟弟苏辙也曾经得到过皇帝赏赐的对衣、鞍马。“对衣”我们可以理解为一套衣服。“鞍马”就是带鞍的马匹，大概相当于我们现在奖给一辆车。“内府”原来是朝

明代“岳麓书院”石碑

廷的一些机构，这里的“内府书籍”就是指朝廷有关机构或者是国家机关出版的书籍。

对于岳麓书院来说，这次皇帝召见山长，最大的收获不只是得到了这些御赐的物品，更重要的是，岳麓书院的办学成绩得到了朝廷的高度肯定，使它的地位和影响力得到进一步的提升，成为全国最有影响力的书院之一。

第二个原因是朝廷文教政策的需要。北宋初期，朝廷没有财力大规模发展官办学校，只能依靠民间来培养人才。宋真宗正好利用接见周式的机会，向全国表明自己重视文化教育，希望发展书院，这对全国书院的发展有着极强的政策导向性，使北宋初期在较短的时间内涌现出了一批全国知名的书院。

岳麓书院大门门楣上方也不是一直都挂着“岳麓书院”四个字。1917年，湖南公立工业专门学校迁入岳麓书院办学后，上面悬挂的是“湖南公立工业专门学校”匾。从现在保存的一张1936年的老照片上看，当时大门门楣上没有悬挂“岳麓书院”匾。那时岳麓书院是湖南大学第一院，在大门前檐的石柱上挂有“湖南大学第一院”几个字。1951年元旦，毛主席写的“湖南大学”四个大字才被挂在岳麓书院大门门楣之上。

湖南公立工业专门学校时期岳麓书院大门

教職員全體攝影

省立湖南大学教职员大门前合影

大门上的“岳”字

由于岳麓书院有极高的曝光频率，几乎没有朋友没有见过“嶽麓書院”几个字，于是朋友们经常会问“嶽”字下面为什么会像“狱”字呢？这么写是有什么特别的用意吗？

其实，这个“嶽”字，既没有写错，也没有什么特别

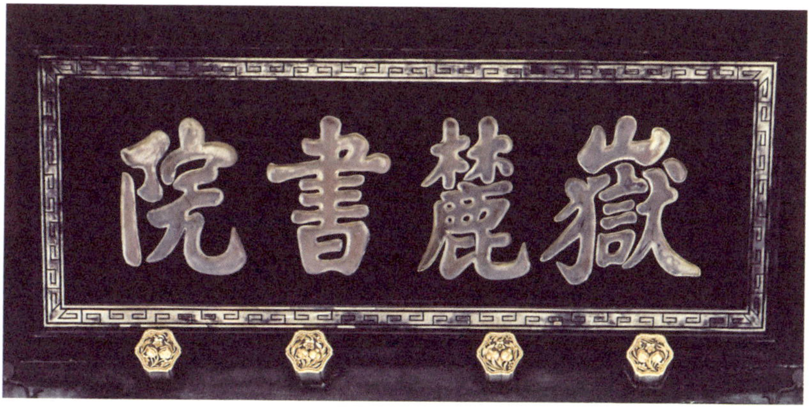

“岳麓书院”匾

的用意，与“岳”字的不同写法直接相关。“岳”字的异体有“嶽”和“岳”两种写法，异体变简体之后，不同的写法消失了，都用“岳”，就看不出区别了。

“岳”字异体的不同写法，其实是有不同意义的。在《辞海》中，“岳”的异体为“嶽”时，有两个释义：一是高大的山。如五岳。江淹《陆东海谯山集》诗：“轻气暧长岳，雄虹赫远峰。”二是古代传说中的四方诸侯之长，有岳牧、四岳等。“岳”字的异体字为“岳”时，也有两个释义：一是尊称妻的父母，如岳母、岳家。二是姓。

对于“岳”字的不同写法，我们可以举几个例子来说。第五版的五元人民币背面就有“五嶽獨尊”四个字，“嶽”字跟“嶽麓書院”的“嶽”字完全相同。“五嶽獨尊”石刻在山东泰山去往玉皇顶的必经之路上，是1907年题写的，是异体。这里的“嶽”就是高大的山的意思。

再说“岳”字作为姓，异体和简体都是一样写法的例子。杭州西湖有岳王庙，大殿上方悬挂“岳王廟”三个字，“王”字没有繁体，“廟”字是繁体字，“岳”因为是姓，所以用“岳”。

类似这样的例子，还有岳阳楼。岳阳楼上三个字写成

“岳陽樓”，“阳”“楼”也是用的繁体字，而“岳”字用“岳”。

岳麓书院的“岳”当然是高大的山的意思。具体而言，“岳”是指南岳，岳麓山在古代被视为南岳七十二峰之一，所以岳麓书院的“岳”的写法就是“嶽”。

“麓”是“山脚下”的意思，岳麓山是南岳七十二峰中向北延的最末一座山峰，被视为南岳的山脚，因此得名岳麓山。

书院的“书”字很好理解，是书籍、书本的意思。“院”是院子的意思，“书院”两个字连起来，就是把书籍放在院子里，即书院是藏书的地方，大概相当于我们现在的图书馆。“书院”一词最初确实是用来给图书馆命名的。“书院”之名最早出现在唐玄宗年间，716年朝廷设了丽正殿书院，也称丽正书院，后来改名集贤殿书院，也叫集贤书院，这所书院有点类似于我们现在的国家图书馆。因此，“书院”这一名称最初是用于藏书楼、图书馆的，为什么后来书院又成为教学科研机构、文化传播机构呢？等讲到御书楼时再来解释。

大门对联

岳麓书院大门两边，“惟楚有材，于斯为盛”八个大字非常醒目。这副对联，绝对是湖南最有名、最厉害的对联。然而，说来也奇怪，这么重要的一副对联到底是谁构思的，到底是谁书写的，具体是哪一年挂上去的，岳麓书院的官方文献上都没有明确的记载。

尽管如此，关于这一副对联，也有一个口口相传的说法。清朝嘉庆年间，罗典山长过世以后，由袁名曜继任山长。袁名曜（1764—1835），湖南宁乡人，进士出身，在北京任翰林院侍读。母亲去世之后，回到湖南丁忧。丁忧期满之后，他以眼睛有病为理由，向朝廷告假，没有再回北京任官。他从1812年（嘉庆十七年）起担任岳麓书院山长，一直到1817年（嘉庆二十二年）卸任，前后一共五年。

在他任山长期间，对岳麓书院大门进行了大修。完工之后，学生们请他为大门写一副对联。于是，袁名曜就出

岳麓书院大门对联

了上联“惟楚有材”，请学生们对下联。岳麓书院的众多学生们绞尽了脑汁，都没能对上。正当岳麓书院的学生们垂头丧气时，有一个叫张中阶的国子监贡生来了，他脱口对出“于斯为盛”。

这是一副集句联，也叫用典联。所谓集句联，就是根据主题表达的需要，从前人的作品中选出名言警句，按照对联的写法要求，重新组成新的对联，既保留了原有的字句，又赋予了新的意涵。这副对联的上联出自《左传·襄公二十六年》中的“虽楚有材，晋实用之”，意思是虽然楚国有人才，但实际为晋国所用了。“楚才晋用”这个成语就是出自这一句话，用来比喻用才不当。

下联“于斯为盛”出自《论语·泰伯篇》，原文是“孔子曰：才难，不其然乎？唐虞之际，于斯为盛”。“唐虞”是指上古时期的尧、舜，也指尧舜执政时期。孔子认为人才不容易得到啊。尧和舜执政时，人才是最为繁盛的。

这副对联的上联虽然出自《左传》，但是用“惟”字替换了“虽”字。理解这副对联的关键就是这个“惟”字。“惟”字不能解释为唯有、只有。《辞海》中“惟”字的释义有七条，其中第七条是“语助，用于句首。《书·伊训》：‘惟元祀十有二月乙丑，伊尹祠于先王。’”“惟楚有才”中，“惟”字是在句子开头的第一字，是句首，因此是语气助词，没有实际意义。上联中为什么用“材”字而不是“才”字呢？这是因为古代“材”与“才”是通用的，意义是一样的。知道了对联的出处，这副对联的意思就好理解了，上联“惟楚有材”的意思是楚地有人才，下联“于斯为盛”的意思是在这里最为繁盛。

关于这副对联的来历，还有另外一种说法：有个不知道姓名的人先出了“惟楚有才于斯为盛”为上联，请人来对，但是没有人能对出下联，他就把上联分为了上下联。

除此之外，这副对联还有一个地方值得注意，就是它打破了对联的“铁律”：即上联最后一字应该是仄声字，下联最后一字应该是平声字。比如东林书院的名联，上联是“风声雨声读书声，声声入耳”，下联是“家事国事天下事，事事关心”，上联最后一个字“耳”是仄声字，下联最后一个字“心”是平声字。这副对联恰恰相反，上联最后一个字“材”是平声字，下联最后一个字“盛”是仄声字。之所以出现这种情况，是因为它是集句联，可以打破这一规律。

楚材斯盛

"惟楚有材，于斯为盛"之所以被称为是湖南最牛对联，主要是它彰显了岳麓书院在人才培养方面的突出贡献。南宋时期，岳麓书院以张栻为代表，形成了一个规模比较大的以理学为学术追求的人才群体。清代的全祖望在补辑《宋元学案》时，专门列有《岳麓诸儒学案》，列出的代表人物有彭龟年、吴猎、游九言、游九功、胡大时等，并称他们为"岳麓巨子"。湘乡人王容曾在岳麓书院学习两年，1187年（淳熙十四年）高中状元，官至礼部侍郎，他是岳麓书院史上第一位状元。明代岳麓书院的著名学生还有李腾芳、吴道行、王夫之等。

明清时期，科举成为知识分子走向仕途、建功立业的最主要途径。清代岳麓书院的科甲鼎盛，在全省首屈一指。1805年（嘉庆十年）乙丑科殿试，衡山（今衡东）人彭浚高中状元，他是清代岳麓书院的第一位状元，也是继王容之后，岳麓书院史上第二位状元。岳麓书院学生高中榜眼的有1863年（同治二年）癸亥恩科的湘潭县人龚承钧、1880年（光绪六年）庚辰科的茶陵人曹诒孙、1894年（光绪二十年）甲午科的茶陵人尹铭绶。高中探花的有1819年（嘉庆二十四年）己卯科的益阳人胡达源。除了三鼎甲外，岳麓书院的科举及第人数，在全省也真正做到了遥遥领先。比如，1825年（道光五年）乡试时，岳麓书院学生中被取中为正榜、副榜的有49名，占这一科湖南乡试录取正榜和副榜145名中的三分之一有余。1835年（道光十五年），岳麓书院有28人考中举人，占同年全省取中举人数的40%。

清代中后期，岳麓书院培养的人才，无论在数量上还是在影响力上，都远远超过其他朝代。有学者估算，仅仅在清代，岳麓书院培养的学生人数就超过了17000人。他们活跃在清代的政治、军事、经济、外交、文化、教育等各个领域，在近代尤其突出，有“中兴将相，什九湖湘”“半部中国近代史由湘人写就”“湖南人才半中国”等高度评价。我个人认为，更准确的评价是“中兴将相，什九湖湘，大半出自岳麓”“半部中国近代史由岳麓书院学生写就”“岳麓人才半中国”。

《曾国藩庆贺太平晏》年画

近代以来，以岳麓书院学生为代表，在湖南形成了几个特色鲜明的人才群体：第一个是以岳麓书院学生贺长龄、贺熙龄、魏源、汤鹏、严如熤、邓显鹤、何凌汉、李星沅等为代表的经世派人才群体；第二个是以岳麓书院学生曾国藩、左宗棠、胡林翼、郭嵩焘等为代表的湘军人才群体，其重要成员还有岳麓书院学生罗绕典、江忠源、郭昆焘、曾国荃、刘长佑、刘坤一、刘蓉、李元度、唐方训等人；第三个是以岳麓书院学生唐才常、沈荩、杨昌济等为代表的维新派人才群体；第四个是以岳麓书院及其改制后的学堂、学校的学生蔡锷、程潜、蔡和森、邓中夏等为代表的革命派人才群体。

岳麓书院大门两侧的对联所表达的内容虽然有些“霸气”，但并非虚言妄语，而是名副其实的，我们以担任清代两江总督的岳麓书院学生为例来说明这一点。一般来说，在清代地方官中，品级最高的是总督，总督是管辖一个省或者几个省的行政、经济和军事的最高长官。尽管总督偏向军事方面，但他的品级、实权都高过各省巡抚，也就是各省省长。

晚清，全国设了八个总督，即设在保定的直隶总督、设在南京的两江总督、设在武汉的湖广总督、设在福州的闽浙总督、设在广州的两广总督、设在成都的四川总督、设在昆明的云贵总督和设在兰州的陕甘总督。其中，直隶总督和两江总督的地位最高。直隶总督管辖京畿之地，地位最高完全可以理解。两江总督地位为什么也高呢？原因是其管辖之地特别，历史上的安徽称上江，江苏（包括上海）称下江，两个省合起来称江南省，这是“一江”，另“一江”就是指江西，合起来就“两江”。两江总督管辖之地大致相当于现在东到上海，西到江西，中间有安徽和江苏，总共四个省和直辖市。这几个地区有两个共同点：

一是都是富庶之地，是清朝财政收入的主要来源之地；二是两江地区文化发达，清朝对于文化发达地区要严加管控，派重臣管理也就在情理之中了。

一般来说，总督是正二品，巡抚是从二品，而在任命直隶总督和两江总督时，往往会加一个尚书衔或大学士衔。如果加尚书衔就成为从一品，加大学士衔就成为正一品。

“惟楚有材，于斯为盛”这副对联是嘉庆年间挂在岳麓书院大门两侧的，我们以嘉庆以后的两江总督为例。第一个是曾国藩（1811—1872，湖南湘乡人）。曾国藩是1834年（道光十四年）入岳麓书院读书，师从山长欧阳厚均。同年八月，在湖南乡试中考取第三十六名举人。28岁考中进士，30岁正式到北京做官。他两次担任两江总督，第一次是从1860年（咸丰十年）四月到1868年（同治七年）七月，担任两江总督八年三个月。第二次是从1870年（同治九年）八月到1872年（同治十一年）二月去世，再次担任两江总督一年五个月。他两次担任两江总督的时间一共为九年八个月。1860年四月，清廷先赏给他兵部尚书衔，同时任命他署理两江总督。署理就是代理，自此他开始代理两江总督一职。这一年的六月，他就转正了，正式被任命为两江总督，并授为钦差大臣，督办江南军务，从正二品升为从一品了。1862年（同治元年）正月，他又被授为协办大学士，也就是说以协办大学士的身份任两江总督。到1868年（同治七年）四月，两江总督曾国藩又被授予武英殿大学士，升为正一品了。

第二个是刘坤一（1830—1902，湖南新宁人），他曾在岳麓书院求学，是湘军的重要人物。他曾经三次担任两江总督，第一次是从1874年（同治十三年）十二月至1875年（光绪元年）八月，他担任了九个月的署理两江总督；第二次是1879年（光绪五年）十一月至1881年（光绪七年）八月，他又担任了一年十个月的两江总督；第三次是1890年（光绪十六年）十月至1902年（光绪二十八年）九月去世，他担任了12年的两江总督。三次加起来，刘坤一一共担任了14年七个月的两江总督，是担任两江总督时间最长的岳麓书院学生。

这里顺便说说与刘坤一有宗族关系的刘长佑（1818—1887），虽然年龄比刘坤一大了12岁，但是按辈分来说，他是刘坤一的侄儿。刘长佑同样是岳麓书院的学生，后来官至直隶总督。

第三个是左宗棠（1812—1885，湖南湘阴人），曾在岳麓书院内的湘水校经堂求学。他平定西北后，被任命为两江总督，任职时间是1881年（光绪七年）九月至1884年（光绪十年）正月，一共是两年四个月。

第五个是曾国荃（1824—1890，湖南湘乡人），是曾国藩的第三个弟弟，曾在岳麓书院求学。他任两江总督是从1884年（光绪十年）正月至1887年（光绪十三年）七月，一共三年七个月。

嘉庆朝以后，先后有曾国藩、刘坤一、左宗棠和曾国荃四个岳麓书院的学生担任两江总督。如果从曾国藩担任两江总督的1860年算起，到清朝被推翻的1911年，前后共51年。而这51年内，四个岳麓书院学生担任两江总督的时间超过了29年十个月。这也就是说，在晚清的51年中，大半的时间是由岳麓书院的学生担任两江总督。我个人觉得，不要说有这么多出色的学生，只要有他们之中任何一个，都足以让“惟楚有材，于斯为盛”显得名副其实了。

所以，无论从哪个角度说，岳麓书院的“惟楚有才，于斯为盛”都可以底气十足地挂在岳麓书院大门两侧，把它称为湖南最牛对联一点都不为过。

中轴线

改朝换代时，岳麓书院基本都会遭受战火损毁而停办。元末明初，岳麓书院再次毁于战火。之后，由于明朝廷长期采取重官学而抑制书院发展的文教政策，尤其是明太祖朱元璋明确规定“科举必由学校”，就是只有官学学生才有资格参加正式的科举考试，而读书人必须先考取秀才，才有入官学学习的资格。这样就把科举和官学一体化了，书院完全失去了存在的空间。岳麓书院也不能例外，长期停止办学，房屋倒塌，逐渐沦为一片荒地。后来岳麓书院原址和院田都被有钱、有权的人家侵占了，明朝有人留下了“峨峨岳麓山，前贤读书处。世远人亦亡，遗基尽荒秽”的诗句。

至明代中叶，官学逐渐衰败，人才培养功能减弱，很多人开始在官学之外的书院、私学学习，再去考秀才，书院因此获得了发展的机会，官方也开始鼓励书院的发展。

1494年（弘治七年），岳麓书院开始重建，新建了大门和其他教学设施。

1507年（正德二年），长沙守道吴世忠率领各级官员和士绅拆掉了岳麓山下的道林寺，将砖瓦、木石等建筑材料全部搬到岳麓书院，对岳麓书院进行了一次大规模改向和扩建。道林寺的位置大约在现在湖南大学田径场附近，在唐代非常有名。著名诗人骆宾王、杜甫等都曾写过赞美道林寺的诗篇。民间有“道林三百众，书院一千徒”的说法。在这一次扩建过程中，对大门的朝向进行了调整、改向，将大门向左调了5度。现在站到岳麓书院大门的正中间，可以看到有一条用麻石板铺的中轴线，但是这条中轴线连接大门的地方，并不是笔直的，是有一个偏度。

之所以要改向，就是认为之前是“风水背戾”，也就是说风水不好，使岳麓书院多次因战火而停办。1768年（乾隆三十三年），岳麓书院轻信了一个风水大师的话，将大门再次改向，向右边进行调整。不久之后，岳麓书院发生传染病，差点就要停办了，有人认为这是大门改向所导致的。岳麓书院立即请人拆掉大门重建，恢复到明朝正德年间的大门朝向，以后就再也没有调整了，直至现在。

在岳麓书院前的农田中有一个高地，有人认为这里是

大门中轴线

魁星楼

“蛇过麓”的风水宝地，在此处建魁星楼“可以发甲”，即让岳麓书院科举发达。乾隆年间，在此建魁星楼，将魁星作为书院师生祭祀的重要对象，这也是岳麓书院重视风水的表现。

岳麓书院的创建者、修复者和管理者都重视大门的朝向并修建魁星楼，实际上寄予了他们对于岳麓书院发展的美好期待，他们由衷希望岳麓书院能平安度过每次战火、

文庙大成殿

文庙石狮子

“德配天地”牌坊

“道冠古今”牌坊

灾难，以便能培养出更多的人才。

吴世忠主持的扩建工程，除恢复完善宋代原有建筑规模之外，还按照县级文庙规制，在书院的左边建设文庙，形成“左庙右学”的格局。

现在岳麓书院文庙大成门前面的一公一母石狮，以及“德配天地”“道冠古今”两座石牌坊，都是明代的，一直保存到现在，很有特色。

岳麓书院大门的变迁，是岳麓书院千年发展的缩影。每年、每月、每天都会有很多慕名前来的参观者到岳麓书院大门前合影，会跨过岳麓书院的大门，走在这条并不笔直的中轴线上，领略岳麓书院的魅力。

二门

名山

从大门沿着中轴线，跨过大门门槛，来到二门。这个位置在明代以前建有祭祀孔子的礼殿。1522年（嘉靖元年）扩建了文庙，便不需要在这里祭祀孔子了，就将这里建为二门。后来在明朝末年和清朝同治年间都对此处进行过重建。抗日战争期间，被日军的飞机炸毁。现在的二门是1984年重建的。文物重建、修复的原则是“修旧如旧”，就是说应该按照原来的样子来重建和修复。重建之前，工作人员找到了一张民国时期二门的老照片，设计者便依据史料和这张老照片进行设计重建，现在的式样跟清朝时基本是一致的。

二门上方有“名山坛席”匾，原匾已经没有了，现匾是1984年重建二门时复制的。这四个字是集清代著名书法家何绍基的字而成。何绍基（1799—1873）是湖南道县人，他虽然不是岳麓书院的学生，也没有在岳麓书院工作

民国时期二门

二门

“名山坛席”匾

过，但他当过长沙城南书院的山长，是晚清有名的书法家，而且他的父亲何凌汉是岳麓书院的学生。曾国藩在北京做官的时候，与何绍基是好朋友，多次去请何绍基写字，对何绍基的书法造诣非常推崇。曾国藩曾经在日记中写道：何绍基每天临帖练习隶书，每天要写七八页，这一年写了上千页，他的字“必传千古无疑矣”。如果从书法水平来讲，集何绍基的字是没有任何问题的。不过，如果是现在复制，我个人倒是会建议集岳麓书院著名山长、学生的字做匾，比集何绍基的字可能会更好一些。

“名山坛席”中的“名山”，可以是指南岳，因为岳麓山是南岳七十二峰向北延的最末一峰。不过，我更愿意说“名山”就是指岳麓山，在下面讲对联时再解释。

匾上的“坛席”两个字中，“坛”在此处是讲学或发表言论的处所的意思，“席”在这里是席位的意思，所以“坛席”就是讲学之所。“名山坛席”可以理解为“这里是在南岳或者岳麓山的讲学之所”。这块匾挂在这里，“名山坛席”当然就是指岳麓书院。又由于跨过二门，前面的建筑就是岳麓书院讲堂，因此这里的“坛席”也可以指讲堂。

在二门两侧挂着一副对联，上联是“纳于大麓”，下联是“藏之名山”。这副对联的撰联人是程颂万。程颂万（1865—1932）是湖南宁乡人，对新学非常感兴趣，一辈子都从事教育事业。他受到湖广总督张之洞的赏识，曾经担任过武汉大学前身的自强学堂的提调。岳麓书院改为湖南高等学堂之后，他又出任监督，相当于后来新式学校的校长，这副对联就是他担任监督的时候撰写的。

1933年，湖南大学图书馆建成之后，有人把这副对联拿到图书馆的大门两侧挂着。后来有老人回忆，从岳麓书院拿来的这副对联是红底白字，也就是在红色的板子上写白色字。可惜的是，1938年4月10日，侵华日军的飞机把湖南大学图书馆炸毁了，这副对联也被炸掉了。20世纪80年代复制这幅对联时，就依照黑白照片，改为白底黑字了。

这副对联的意思还是比较好理解的，“纳于大麓”就是说岳麓书院在大山的脚下，“藏之名山”就是说岳麓书院藏在名山之中。这里再次提到“名山”，与“名山坛席”上的“名山”一样，指南岳是肯定没有错，但是在我看来，“名山”更准确地应该是指岳麓山。岳麓山真是名山，并不是因为我生活在这里就爱屋及乌，刻意美化岳麓山。

如果从自然风景来说，岳麓山既没有“飞流直下三千尺”的瀑布，甚至连三十尺的都没有，也没有高耸入云的险峰、峭壁，它的海拔只有295米，确实算不上是自然风景名山。但这并不妨碍它成为名山，因为岳麓山的“名”主要来自文化，我认为它是一座典型的文化名山。首先，岳麓山的山脚是我们现在身处其中的岳麓书院，是鼎鼎有名的研究与传播儒家文化的机构；半山腰有麓山寺，是西晋时期湖南最早建立的佛教寺庙，它的大门对联是“汉魏最初名胜，湖湘第一道场”，说明此处当时是有名的佛教圣地；山顶有云麓宫，明朝成化年间修建，是道教二十三洞真虚福地，是典型的道教场所。也就是说，岳麓山的山脚是儒家，山腰是佛家，山顶是道家，儒释道齐全，而且都非常有名。儒释道的场所或机构如此有名，又如此集中在一座小山上，这恐怕在全国都是绝无仅有的。儒释道是中华传统文化的主体构成，在岳麓山上都得到充分的体现，能说它不是名山吗？！

其次，与其他靠近城市的山不同，岳麓山上几乎没有名人的别墅、休闲场所，而是烈士墓葬非常多，尤其是民国前后的烈士墓葬。岳麓山上不仅有辛亥革命元勋黄兴墓和护国运动的代表人物蔡锷墓等国葬墓，还有爱国志士陈天华、姚宏业和被孙中山誉为中华民国“开国元勋”的蒋翊武等人的墓葬。因此，有人说“一座岳麓山，半部近代史”，也有人说“一座岳麓山，半部辛亥革命史”。如果把埋葬在岳麓山上的烈士墓葬的革命事迹都弄清楚了，辛亥革命的历史就了解了一半，可见湖南人在辛亥革命中的地位与影响。这些烈士墓葬，使得岳麓山多了一些悲壮的色彩，也让它融入了更多近现代文化的元素。

岳麓山能成为名山，岳麓书院功不可没。我认为岳麓书院与岳麓山是相得益彰的，院以山名，山因院显，两者密不可分，这副对联正好体现出这一点。

文化价值

每次走到二门，看到“纳于大麓，藏之名山”这八个字，我总有一种特别的感觉，觉得它们把岳麓书院的更大价值——文化价值表现出来了。岳麓书院不仅仅是作为一个教学机构存在，它还是一个影响湖南乃至全国的文化重镇。如果说“惟楚有材，于斯为盛”这幅对联充分体现了岳麓书院在人才培养方面的价值的话，那么“纳于大麓，藏之名山”彰显的就是岳麓书院的文化价值。

岳麓书院创办以后，尤其是南宋时期的朱熹、张栻等大学者来院讲学、工作以后，岳麓书院就成为湖南地区乃至全国的学术研究与传播基地。元代，岳麓书院继承南宋传统，继续传播理学。明代岳麓书院修复之后，在讲程朱理学的同时，心学家也不断来岳麓书院讲学，它又成为心学在湖南的重要基地。清代，岳麓书院在研究与传播理学的同时，也成为经学的重要阵地。到了晚清，面对西学的

二门对联

传播，岳麓书院开始教授算学等知识。

应该说，岳麓书院始终站立在学术前沿，并注重将学术研究成果转化成教学资源，使岳麓书院成为一个教学与研究密切结合的教育机构。经过岳麓书院的培养、熏陶，岳麓书院的学子们学习、掌握了儒家知识，树立了儒家的价值观，提升了自己的素养，成为有较高儒学素养的人，能与全国的读书人同场竞争，并通过科举进入仕途，融入到京城的朋友圈，为他们在政治舞台上发挥作用奠定了极好的基础。不仅如此，岳麓书院在湖南还起到了引领、示范作用，全省各地都仿效岳麓书院创办建立书院，传播儒家知识，湖南书院的数量、办学规模一直处于领先地位，名声享誉全国。

湖南有多所著名的书院，比如衡阳的石鼓书院、长沙的湘西书院与城南书院、湘阴的笙竹书院、湘潭的碧泉书院、道县的濂溪书院、平江的天岳书院等。湖南湘西地区也建有书院，比如靖州的鹤山书院。清代湘西苗族地区书院， 主要分布在凤凰厅（今凤凰县）、乾州厅（今吉首市）、永绥县（今花垣县）、保靖县、泸溪县等苗族聚居区，并以敬修书院、立诚书院、绥阳书院、雅丽书院、浦阳书院等 5 所书院最为有名。书院在全省遍地开花，使儒家文化在湖南得到了广泛的传播，在总体上改变了湖南读书人的价值观，提升了湖南人的文化素养。

岳麓书院对于被称为“霸蛮”的湖南人来说尤其重要。“霸蛮”反映的是湖南人的民风、性格特点，这里的“霸”是用来形容“蛮”的，这里的“霸”的意思是依仗势力、武力蛮不讲理的，“蛮”的意思粗野、凶恶，不通情理，两者合起来可以理解为湖南人的“超级不讲理，甚至为达到目的会动用武力等一切手段”的性格与民风。简单地说，“霸蛮”就是超级蛮，蛮到极致。

我一直认为“霸蛮”包含着湖南人身上的勤奋、质朴、耐劳、勇敢、倔强的品质，甚至为了达到目的不惜一切手段的民风或者性格。因此，我并不认为“霸蛮”是贬义词。湖南人之所以“霸蛮”有很多原因，其中地理环境的影响是重要因素之一。关于湖南的地理环境，钱锺书的父亲钱基博先生说湖南人的“霸蛮”是“地理使之然也”，非常精辟。他们父子俩都曾经在湖南师范大学的前身国立师范学院当过教授，钱基博先生还写过一本《近百年来湖南学风》，对湖南的地理环境有非常清楚的描述。他说：“湖南之为省，北阻大江，南薄五岭，西接黔蜀，群苗所萃，盖四塞之国。”

他的意思是说湖南的北边是洞庭湖、长江，阻碍了湖南人北上。有人曾说湖南人只有“出湖”之后才有出息，意思是湖南人只有走出洞庭湖，才能开阔自己的眼界，才能有施展自己才华的舞台；“南薄五岭”是指湖南的南边是五岭，阻碍了湖南人南下。湘粤古道连接湖南与广东两省，是古代通往岭南地区的交通要道，但异常难走，有“船到郴州止，马到郴州死，人到郴州打摆子”的说法，也就是说古代坐船南下至广东最远只能到达湖南郴州，便要换走陆路，经由湘粤古道继续南下，就是“船到郴州止”；湘粤古道用马运送货物，由于山高路险，这里的马匹的寿命都不长，就是“马到郴州死”；由于南岭湿热，瘴气重，外地人到此处比较难适应，容易得疟疾之类的病，就是“人到郴州打摆子”；“西接黔蜀”是指湖南的西边跟贵州、重庆接壤，群山荟萃，让湖南人西行困难重重。因此，钱基博先生认为湖南是一个被围起来的省份。

然而，湖南并不是世外桃源，钱基博先生说：“其地水少而山多，重山叠岭，滩河峻激，而舟车不易为交通。顽石赭土，地质刚坚，而民性多流于倔强。”也就是说，湖南的自然条件相当恶劣，不但交通不便，而且还是顽石加黄泥巴地，非常不适合农业生产。虽然湖南被称为“鱼米之乡”，但主要是指环洞庭湖四周的地区，湘中以南、以西绝大多数地方都是钱基博先生所描写的这种自然环境和资源条件。

一方面，湖南被山水围住了，很难外出谋生；另一方面，自然条件相当差。在这样的自然条件下，湖南人要生存下去，必须具备勤奋、质朴、耐劳、勇敢、倔强的品质，甚至为了生存下去会不惜一切手段的性格和民风，这就是湖南人的“霸蛮”的表现形式。

正因为有“霸蛮”的性格和民风，使得湖南人有面对困难的勇气，甚至有克服困难的能力。这种霸蛮用曾国藩的话来说就是“好汉打脱牙和血吞”。从字面上看，牙齿都被人打脱，被羞辱到极致，处境艰难到极致，但还是不会放弃，和着血就把牙齿吞下去，直到达到目的为止，这句话把湖南人的“霸蛮”描写得非常形象。尽管如此，由于湖南人很难走出湖南，因此他们很难适应外部环境的不足，缺乏成就大事的素养和眼界。

我个人认为，在和平时期或者盛世之中，假如湖南人只有“霸蛮”，是很难出类拔萃的，主要有以下四个原因：一是湖南人身高比不过北方，尤其跟东北人的平均身高无法相比；二是湖南不仅没有一种通行全省的方言，而且一个地方甚至有多种方言，不同地区的湖南人说方言互相都听不懂，这与西南官话通行四川、重庆、云南、贵州四省完全没有办法比较。不仅如此，湖南几乎没有一种方言能让外省的人大致听懂，而西南四省的人走出西南地区，他们讲的西南官话外省人几乎都能听懂；三是文气无法跟东南地区相比，尤其没有办法跟江苏、浙江、安徽等地相提并论。清朝从1645年（顺治二年）实行开科取士，到1905年（光绪三十一年）废科举，一共260年，取中114名状元，其中江苏（包括上海）有49名，浙江20名，安徽九名，三个省加起来一共是78名，而湖南仅有两名，即1805年（嘉庆十年）的彭浚和1845年（道光二十五年）的萧锦忠；四是开放程度无法与广东、福建人相比，他们很早就与海外通商，不少人出海谋生，而湖南则是四塞之围，处于相对封闭的状态。

正是在这种大背景下，岳麓书院的文化价值得到了充分的彰显。岳麓书院和在其影响下建立的众多的湖南书院，为一部分湖南人带来了儒学的知识，让他们有了儒家的价值观和素养。当一个湖南人既有能面对困难的“霸蛮”，又具有相当的文化素养，他们就有可能成为乱世之中能勇敢、倔强地面对困难的英雄豪杰，陶澍、贺长龄、魏源、曾国藩、左宗棠、郭嵩焘、刘坤一、曾国荃、胡林翼、彭玉麟都是这类人物的典型。

正是由于有岳麓书院和湖南其他书院的存在，改变了湖南人只有“霸蛮”的局限性，让一部分湖南人能成为英雄豪杰，成为走出湖南、影响全国，甚至成为影响近代史、改变中国的人物。当社会、民族困难重重，艰难到极致的时候，往往是既有“霸蛮”性格，又有着不一样文化素养的湖南人挺身而出。我们认为这是岳麓书院的文化价值之所在。我们来参观岳麓书院，不能只是简单了解它的建筑、历史，更重要的是要把握其蕴含的更深层次的文化内涵。

“潇湘槐市”匾

沿着中轴线跨过二门，可以看到二门背后挂的“潇湘槐市”匾。“潇湘”一词有不同的理解：一是指潇水和湘江的合称；二是单指湘江，为湘江别称，因湘江水清得名；三是指湘江中游与潇水会合后的一段。现在一般用来作湖南的代称。

“槐市”一词是个典故，与汉代的太学有关。太学是中国古代最高的官办教育机构，是汉武帝在公元前124年（元朔元年）创建的。太学的创建标志着中国古代官立大学制度的确立。太学创建之初，规模很小，只有几个经学博士和50个被称为博士弟子的学生。此后，太学的办学规模逐渐扩大，至汉宣帝时学生达到200人，汉元帝时增至1000人，汉成帝末年猛增至3000人。王莽执政时，采取种种措施扩建太学，为太学兴建校舍“万区”，太学人数达到万人之多。

二门背面

“潇湘槐市”匾

据记载，汉代长安城南，有数百行槐树。每月初一、十五两天，书生们会拿出自己家里的特产、书籍以及乐器等来这里进行买卖，这是一个槐树成荫的露天交易市场。在这个市场里，太学生们也会议论朝政、品评人物。后人就用“槐市”来指代讲学之所或者学校。因此，“潇湘槐市”指的就是岳麓书院是湖南的讲学之所。

从办学的性质而言，岳麓书院与太学有明显的区别。太学是官办学校，而岳麓书院既不属于官学，也不属于私学，它是一种独特的教育组织形式。

书院与官学的区别，主要有三个方面：一是书院的创办经费主要来自民间，而不是来自官方，而官学则全部来自官方；二是书院招生不限制学生的出身，向所有的读书人开放，而唐宋时期官学招收的学生是有身份要求的。比如唐代中央官学有国子学、太学、四门学等，朝廷对这些官学入学者的身份做了具体限制，国子学是三品以上官员的子孙，太学则是五品以上官员的子孙，四门学是勋官三品以上无封、四品有封及文武七品以上的子孙。三是书院的教学内容一般由书院的章程规定，与官学全由官方规定不同。

由于书院多由民间出资创办，与私学有着一定的相同之处，如书院与私学在创办经费来自民间、招收学生不限身份、教学内容相对自主选择等方面存在共同点，私学长期积累的办学经验很容易被书院所吸收。书院与私学又有明显的不同：首先，书院一般建立了类似于官学的学田制度，使其经费有相对固定的保障，而这是私学不可能具备的；其次，书院有以自己制定的章程、学规、教条等为主的管理制度，使书院能有序运行，而私学一般都不具备这样的管理制度。正因为如此，我们介绍书院时，一般说书院是唐末五代出现的一种既不同于官学也不同于私学的独特的教育组织形式。

这块“潇湘槐市”匾也是湖南高等学堂监督程颂万撰的，后来与二门一起被侵华日军的飞机炸掉了。1984年重建二门时，请楚图南先生重新写了这四个字，因此这块匾的落款是“楚图南补书”。楚图南（1899—1994）先生是云南文山人，文学翻译家、社会活动家。1919年考入北京高等师范学校（今北京师范大学）官费生，后积极从事革命活动。新中国成立以后，担任第六届全国人大常委会副委员长，民盟中央主席、名誉主席，中国书法家协会名誉理事等职务。他的书法造诣很深，具有庙堂之气，写正书，取势中正，端庄凝重。这块匾请地位这么高、书法造诣如此之深的楚图南先生来补写，为岳麓书院增色不少。

但是，仔细看这块匾，我们会发现上面的“市”字是反过来写的，我相信肯定不是写错了，“潇”字那么多笔画都不会错，“市”字就更不会错了。现在楚图南先生已经去世了，他到底为什么要这么写，已经无从得知了。我个人猜测是，可能楚图南先生认为“槐市”的“市”跟“市场”的“市”意义是不同的，在岳麓书院这样闻名全国的讲学场所，不能沾染“市场”的市侩之气，更不能像市场一样唯利是图，因此他把这个字反过来写。如果真是这样，说明楚图南先生真是用心良苦，应当饱含了他对新修复的岳麓书院的美好期待。

斋舍

教学斋和半学斋

二门后面两边各有一道门，建筑左右对称排列，这是教学斋和半学斋。

教学斋和半学斋的命名都是有出处的，“教学斋”出自儒家经典《礼记》，原文是“古之王者，建国君民，教学为先”，这句话的意思是说古代的君主建立国家，统治百姓，都会把教育放在最重要的位置。“半学斋”出自《尚书》，原文是“惟教学半”，这句话的意思是教别人学习，自己也能在这个过程中收到一半学习的效果，半教半学，教学相长。确实是这样，我们当老师的大多数有这样的体会，教学既是教学生知识，但也是自己不断学习、不断获取知识的过程。

尽管这两个取名都跟教学有关，但原来都不是教室，而是岳麓书院的学生宿舍，也称斋舍。由于岳麓书院一直采用寄宿制，因此从创建开始，就建有斋舍。976年创建

教学斋

半学斋

时，就建有斋舍52间。南宋重建时，建有四斋，之后又进行了扩建，增加两个斋。元朝重建岳麓书院，有四斋。明朝重建时，1494年（弘治七年）建有诚明斋和敬义斋。1527年（嘉靖六年）扩建为四斋六舍，分别取了名字，四斋分别为诚明斋、敬义斋、日新斋、时习斋，六舍分别为“天”字号、“地”字号、“人”字号、“智”字号、“仁”字号、“勇”字号，规模较之前有明显的扩大。

这里提到“斋”和“舍”，两者没有本质上的区别，都是用来住宿的。无论是《辞海》和《大百科全书》，还是其他古建筑专业的书籍，都没有进行具体的解释。为此，我专门请教过湖南大学建筑学院的知名古建筑学专家柳肃教授，他说根据古建筑中常见的情况来看，可能是有大小规模的区别，“斋”可能是数量比较多的、连排的，“舍”可能是规模比较小的。

1668年（康熙七年）重建岳麓书院时，有存诚、主敬、居仁、由义、崇德、广业六斋。到清代咸丰年间，岳麓书院还有六斋，一共是98间。1868年（同治七年）最后一次大规模重修时，将六斋调整为四斋，左边有进德斋24间、居业斋30间，右边有正谊斋30间、明道斋30间，一共是114间。

每一间房住多少人，相关的史料上并没有明确的记载，但是每间的家具数量有清楚的记载，每间有床、放木箱的架子和方桌各两张，板凳有四条。从两张床、两张桌子来看，应该是每间房住两个人，这也就是说清代咸丰年间岳麓书院的宿舍能住228名学生。每一斋设有厕所五格，还有厨房和浴室各一间。以当时的情况来说，宿舍的条件已经相当不错了。

1903年（光绪二十九年），岳麓书院改制为湖南高等学堂。湖南高等学堂是新式学堂，无论从招生人数，还是教学方式来看，都与之前的岳麓书院不同，比如招生人数明显多于书院，需要分班教学，这样对教学场所的需求就明显增加了。因此，把原来的宿舍改为教学场所，名称相应改为教学斋和半学斋。

不过，半学斋这个名称在清朝已经有了，当时既不是学生宿舍，也不是教学场所，而是岳麓书院山长的住处。半教半学，教学相长，以半学斋为名，也体现出了山长的追求。

现在的教学斋和半学斋并不是清朝建筑，在抗日战争期间，两个斋舍全部毁掉了。抗日战争胜利以后，在原有基础上，修复了半学斋的十一间，教学斋仅仅修复了一部分。现有建筑是在保存半学斋部分民国建筑的基础上，于1985年重建的。

学生待遇

由于岳麓书院实行寄宿制，清末书院的宿舍最多能住228名学生，但这并不等于岳麓书院招生人数为228名。岳麓书院历代的招生人数都不同，文献记载的也不是很清楚，不像我们现在的学校，有非常清楚的学生名册。

1001年（咸平四年），岳麓书院扩建后，确定学生定额为60名。南宋重建之后，朱熹第二次来岳麓书院，时间是1194年（绍熙五年），他为岳麓书院增加了10个学生名额。这10名学生可以不通过书院和官方的考试选拔，与官学学生的待遇相同，经费由官方提供。

明朝关于岳麓书院学生人数的记载也不明确，如果从前面提到的“道林三百众，岳麓一千徒”来看，岳麓书院的学生达到千人之多。不过，我认为这一数字仅仅是文学性的描述，非常模糊，还存在很多疑点。比如，“一千徒”是大概数字，还是准确数字呢？这“一千徒”是全部住在院内学习的学生，还是包括岳麓书院开坛讲学时来听讲的旁听生呢？这一千人是岳麓书院每年招生人数，还是若干年累积的数字呢？目前的文献记载都没有办法给予明确的回答。

到了清朝，关于岳麓书院学生人数的记载就清楚多了。1785年（乾隆五十年）之前，有正课生50名，附课生20名。就在这一年，书院扩大了招生规模，正课生增加至68名，附课生增加至35名，学生人数由70名增加至103名。1802年（嘉庆七年），附课生增加35名，达到70名，在院住宿学习的学生达到138名，这成为书院学生的定额，以后保持不变。关于正课生和附课生有多种解释，他们在不同的书院有不同的待遇。一般来说，正课生可以享受书院的膏火和月米；附课生没有月米，绝大多数时候也没有膏火。如果用我们现在大学招生来类比的话，正课生大致相当于计划内招生的学生，附课生大致相当于计划外招生的学生。

膏火大概相当于我们现在学生的生活补贴，月米就是每月发的米。从现有记载的文献来看，1763年（乾隆二十八年）规定，岳麓书院的正课生每月发膏火银一两，月米是三斗。附课生的膏火减半，为五钱。到同治年间，

半学斋内景

发给正课生的膏火银减少了一半，只有五钱了，月米没有明确的记载。附课生则都没有了。

对于古代的银子与人民币如何折算的问题，或者说一两银子值现在多少钱的问题，我们一般用米作为参考物来折算，因为古代的米和现代的米没有根本差别，有一定的可比性。由于不同时期、不同地方的大米价格是不同的，我们只能大概估算，乾隆年间湖南的米价大概为每石二两银子左右，而每石大概相当于现在的135斤左右。这也就是说，一两银子可以买到78斤左右的米。如果按照每斤米5元的价格来算，一两银子大概相当于390元，也就说岳麓书院的正课生每月可以拿到390元生活津。

不仅提供膏火，岳麓书院还给每个正课生每月发三斗米。一斗米大概相当于我们现在13.5斤，三斗米就有40多斤了，如果我们也按照每斤米5元来计算，又发了200多元。膏火加月米，正课生每月可以领到600元左右。我们在前面讲过每一斋舍都有厨房，学生自己可以做饭，有420多斤米，吃饭肯定是不成问题的，用膏火去买菜也是绰绰有余的。

正课生的待遇到底是高还是低？从岳麓书院领取的膏火和月米是多还是少？可以把学生的收入与岳麓书院工作

教学斋内景

人员的收入来比较。同样是1763年（乾隆二十八年），岳麓书院的普通工作人员有看守书院的门夫、堂夫各一名，各斋的伙夫六名，这大概相当于现在学校的保安和食堂厨师吧，他们每个月的工资是四钱，月米是两斗，每月比正课生少了六钱银子和一斗米。如果按照之前说的一两银子390元算，那么他们每个月只能拿到156元钱和257斤米。两相比较，正课生比书院普通工作人员的收入要高出一倍多。

我们现在大多数高校在读研究生的津贴也是每个月600块左右，与岳麓书院正课生的膏火和月米收入相当。但是学生去食堂吃饭需要自己刷卡付费。我去湖南大学食堂吃过饭，每天至少需要伙食费30元，每月要900元。这也就是说，600元的津贴无法很好地解决研究生们的吃饭问题，还需要自己或者家长补贴一部分钱。不仅如此，现在研究生开学时还要交学费和住宿费。如果这样比较，岳麓书院正课生不但发的津贴与研究生相当，而且住宿是免费的，也不用交学费，他们的待遇应该是明显高过现在大多数高校在读研究生的。

经费

岳麓书院不仅不向学生收学费、住宿费，还要给学生发膏火和月米，以及给工作人员付工资，那么经费是从哪里来呢？岳麓书院虽然与官府有密切的关系，甚至历代都有官员参与了书院的创建、修复、扩建等，但是包括岳麓书院在内的全国书院，都没有被列入官方办学机构。如果用我们现在的话来说，书院并不是公办的，一直是民办的，因此一般来说官方是没有拨款的，也就是说官方并没有像我们现在一样，依据学生人数下拨教育经费。

然而，这并不意味着岳麓书院没有得到官方拨款，我想这与岳麓书院的地位和影响力有关。它得到了上至皇帝、下至地方官员的支持，从清朝雍正年间起，就获得了官方比较稳定的经费支持。

1733年（雍正十一年），清廷下诏确立了一批省城书院，长沙的岳麓书院和城南书院就在其中。朝廷赏了帑

（tǎng）金1000两，也就是拨国库银子1000两给这两所书院，作为办学经费。这笔银子是两所书院平均分配，岳麓书院得到了500两，但并没有把这笔银子花掉，而是将其作为本金，用来生息。一直到1763年（乾隆二十八年），湖南巡抚陈宏谋把朝廷赏给的这500两银子和湖南官方的银子6000两，一共6500两，交给武汉的盐商和湘潭的典商生息。典商大概相当于我们现在的银行，就是把本金存到银行去产生利息，这种做法成为岳麓书院经费筹措的重要方式。这样做的最大好处就是，只要银行不破产，就会有利息，是比较稳定的经济来源，就能够保证书院长期运转。这与我们现在的基金会运作方式有相似之处。

按照当时的史料记载，陈宏谋这次把本金6500两银子存到银行，拿到了1410两银子的利息。当然，这笔钱需要与城南书院对半分，岳麓书院只能拿到705两。如果按照我们之前说的，一两银子可以折合成390元人民币来算，有27.4万元。如果按照每个正课生每月给一两膏火，附课生为一半，也就是五钱，其中有一个月因放假不发，也就是说正课生每年发11两，附课生发五两半。当时岳麓书院有正课生50名，附课生20名，一共需要付出660两。这也就是说，这笔利息收入足够为学生提供一年的膏火了。

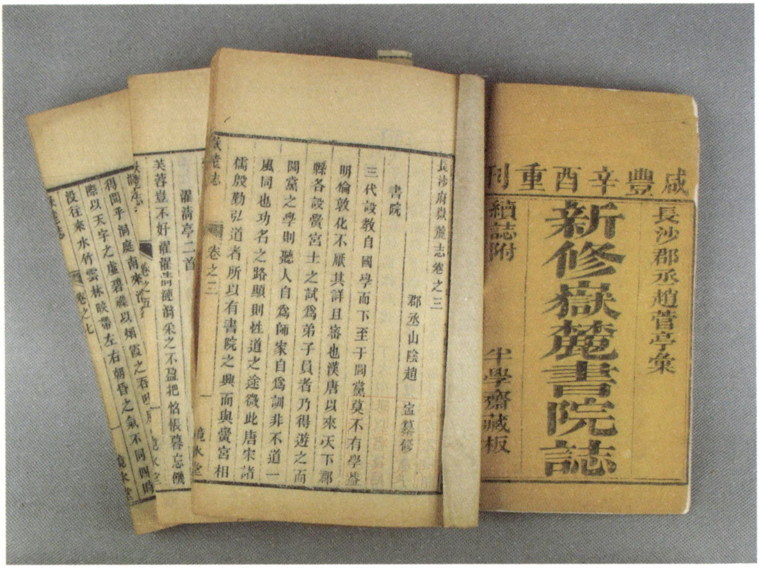

咸丰重刊康熙《新修岳麓书院志》

岳麓书院的经费是不断增加的。比如1784年（乾隆四十九年），湖南巡抚提取了公款3000两给岳麓书院和城南书院，作本金发典生息，得利息540两。1802年（嘉庆七年），湖南巡抚又提取了公款4000两作本金，湖南两座省城书院共得利息680两。这两笔利息都是作为学生的膏火费，岳麓书院能得到610两。

除了官方拨款的本金所产生利息之外，岳麓书院还得到一些绅士的捐赠，但数量不多。我看到的资料中，给岳麓书院捐款最多的是杨振声，他在1831年（道光十一年）一次捐了120两，按一两银子相当于390元人民币计算，有4.68万元，可以给10个正课生发一年的膏火，算是一笔巨款吧。不过，这笔捐款所产生的利息，并不能用来给岳麓书院学生发膏火，他指定只能用于朱张渡的雇工和维修上。

尽管从明朝开始，岳麓书院就开始编《岳麓书院志》，这是记载岳麓书院的最重要文献。但是编写任何一

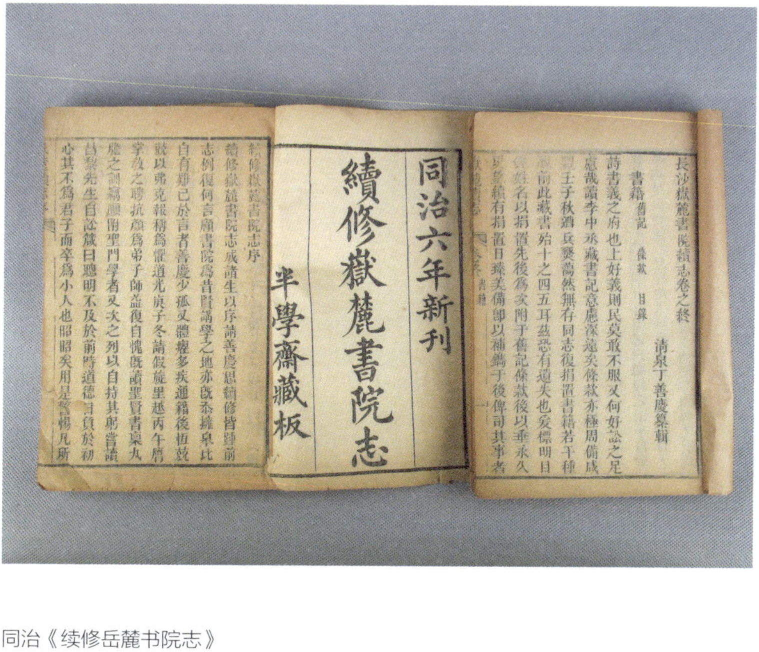

同治《续修岳麓书院志》

本书都是有一定体例的，经费只是《岳麓书院志》的一部分，而且《岳麓书院志》是若干年才编一次，不像账簿记得那样详细。因此，受文献记载或者文献保存的限制，我们对清朝以前岳麓书院经费的来源情况并不清楚。但是，有一点是可以肯定的，岳麓书院能长期坚持办学，而且影响还越来越大，应该与其有良好的经费筹措和管理制度密切相关。

学田

岳麓书院除了给学生发膏火之外，还每月给正课生都发米。这些米是从岳麓书院自己的学田中生产出来的。前面我们已经知道，古代官办学校和书院是有田的，叫做学田，是经费的重要来源。岳麓书院从北宋初年就有学田了。南宋时期，朱熹第二次来岳麓书院时，就给岳麓书院置了50顷学田。到明清时期，岳麓书院的学田就更多了。

从现有的记载来看，宋代岳麓书院的学田是官府拨给的可能性比较大。朱熹给书院拨学田50顷，应该是他利用湖南安抚使的权力拨给的。但是，到了明朝初年，岳麓书院被毁之后，学田被权势人物占领了。1494年（弘治七年）重建时，主持重建的官员和长沙的国子监生一起努力，给岳麓书院捐了87亩学田。岳麓书院的老师和学生不必亲自种田，他们会把田出租，交给别人来耕种，然后收取租谷，把租谷向官府交税之后，岳麓书院剩下38石。如

措置嶽麓書院牒
宋朱熹
本州州學之外復置嶽麓書院本為有志之士不遠千里求師取友至於是邦
者無所棲泊以為優游肄業之地故前帥樞密忠肅劉公特因舊基復剏新館
延請故左師侍講張公先生往來其間使四方來學之士得以傳道受業解惑
焉此意甚遠非世俗常見所到也而比年以來師道陵夷講論廢息士風不振
議者惜之某叨冒假守蒙被訓辭深以講學教人之務為寄顧恨庸鄙弗克奉
承到官兩月又因薄書未能一往謁殿升堂延見諸生詣考所合罷行事件庶
革流弊以還舊規除已請到醴陵黎君貢士充講書職事與學錄鄭貢士同行
措置外今議別置額外十員以處四方游學之士依州縣則例日破米一升四
合錢六十文更不補試聽候當職考察搜訪徑行撥入者庶幾有以上廣聖朝
教育人才之意使凡為學者知所當務不專在區區課試之間實非小補牒教
授及帖書院照會施行仍請一面指揮若干人排備齋舍几案牀榻之屬並帖
錢糧官於本州贍學料次錢及書院學糧內通融支給須至行遣
刊自嶽麓文鈔
長沙郭先成補書

朱熹“措置岳麓书院牒”碑

果按照10斗为一石来计算，只有380斗。尽管从现有的文献记载，我们不知道明代岳麓书院需要给每个学生发多少斗月米，但是如果按照每个学生每月三斗米计算，一个学生一年就要30多斗米，只有38石粮食，就意味着岳麓书院只能招十几个学生。换言之，87亩学田是无法满足岳麓书院办学需求的。

之后，岳麓书院又得到了几任长沙知府或者同知的大力支持，学田不断增加。他们不断给岳麓书院捐田，前后共捐了238.9亩，算上弘治年间的87亩，到明朝嘉靖年间，他们一共捐了325.9亩。除了捐田，长沙官府又为岳麓书院找回了之前被权势之家侵占的250亩田。与此同时，长沙知府还将198亩屯田拨给岳麓书院。屯田一般是指官府利用士兵或者农民等开垦荒地形成的田。这样，岳麓书院的学田又增加了448亩。也许他们觉得岳麓书院的学田还不够，之后又把没收的一个大户人家的1449亩田直接拨给了岳麓书院，这是支持岳麓书院办学的重要举措。通过这些方式，岳麓书院学田增加至2222.9亩。在学田之外，岳麓书院还有水塘41处。这些学田、水塘能为岳麓书院带来886.2石租谷，完全可以解决岳麓书院师生的吃饭问题，为明代岳麓书院的办学发展奠定了比较好的经济基础。

清代岳麓书院有为学生提供月米的学田（称膏火田），为祭祀提供经费的祭田，为岳麓书院提供维修经费的岁修田等。到清朝同治年间，岳麓书院的膏火田有1595.5亩，比明朝少了627亩。不过，每亩学田收的租谷比明朝多，清朝可以收到租谷1600石，差不多是明朝的两倍，岳麓书院的办学经费更加充足。

由于捐赠的学田是分散在全省各地，在当时的交通条件下，要把租谷收到岳麓书院来实际是比较困难的。从零散的记载来看，学田的租谷并不是由岳麓书院直接派人去收，而是委托学田所在地的地方官来收。按照当时的规则，岳麓书院不会让这些官员白干，他们可以从租谷中提成，大概相当于我们现在的收取手续费。这样，对于官员们来说，帮岳麓书院收租谷是名利双收的好事，既可以因为帮岳麓书院收取租谷而被视为重视文教事业，又能从中获得相应的好处，他们何乐而不为呢？

从清代岳麓书院管理人员的设置来看，有一个职位叫“首士”或者“首事”，由他专门负责书院的收支出纳、房屋维修等事务。我想“首士”或“首事”大概相当于我们现在的行政副院长，田租这样的事务应该是他来负责管理的。

岳麓书院文昌祭田碑记

租谷收上来之后，岳麓书院会按规定留足本院师生吃的口粮。比如，1763年（乾隆二十八年）规定，留下220石米作为书院师生的口粮后，再把剩余的米卖掉，变成银两，或者将这些收入用于书院的建设，或者将这些银两也存到典铺银行去，以达到增加书院经费的目的。

岳麓书院的办学之所以成功，经费起到了非常重要的支撑作用。岳麓书院的经费既有官方的支持，又有民间的捐助，更重要的是，它还有类似基金会的运作方式来管理经费，使其办学经费比较有保障，只要所存银行不倒，哪怕因为天灾等导致学田没有收入，也不会对书院办学产生实质性的影响。

招生

走出斋舍，回到中轴线上，来到讲堂前。曾国藩、左宗棠、郭嵩焘、曾国荃等岳麓书院学生都曾从这里走向讲堂，去聆听山长的谆谆教诲，去参与同窗们的质疑问难。岳麓书院的读书时光，成为这些湘军重要人物一生中的美好回忆。

曾国藩离开岳麓书院十年之后，已经在北京做官了，曾经给自己的二弟曾国华写过一首诗，诗中回忆了自己在长沙、在岳麓书院的生活。他的诗歌是："岳麓东环湘水回，长沙风物信佳哉！妙高峰上携谁步？爱晚亭边醉几回。夏后功名余片石，汉王钟鼓拨寒灰。知君此日沉吟地，是我当年眺览来。"曾国藩在这首诗中，回忆了岳麓山、湘江、妙高峰、爱晚亭、岳麓山上的禹王碑、定王台等，其中妙高峰是城南书院所在地，曾国华曾在城南书院学习。而"爱晚亭边醉几回"这一句，把24岁的曾国藩与同窗们在爱晚亭聚会时意气风发的样子生动地再现出来。

那么，他们是怎么成为岳麓书院学生的呢？或者说岳麓书院到底是怎么招生的？历代的文献记载并不十分明确。清朝以前岳麓书院的招生，或是有人推荐，或是通过考试测试其文化水平，即采用考试和推荐相结合的方式。之所以要采用推荐的方式，是因为通过有学术名望的人，将自己了解到的品学兼优的学生推荐到岳麓书院来，可以在一定程度上保证岳麓书院的生源质量；之所以要采用考试的方式，主要是为招生提供一个客观的录取标准，尽可能削弱推荐人才的主观性。这种招生方式，符合岳麓书院以学术研究与传播为主要职能的办学特点。

到了清朝，官方对岳麓书院的控制明显加强，进入书院读书需要参加由官方主持的入学考试，这点与我们现在的高考相似。高考也是官方主考，把合格的考生选拔到大学学习。不仅如此，官方还规定了报考条件。1756年（乾隆二十一年），湖南巡抚陈宏谋制定的章程明确规定，岳麓书院面向全省招生，只招秀才以上的读书人，秀才以下的没有报考资格。

秀才相当于我们现在什么水平的学生呢？或者说，如果你穿越到明清时期，以你现有的学历、学位，你大概会是秀才、举人还是进士呢？有个意大利的传教士利玛窦在1582年（明万历十年）来到中国，在中国传教28年之久，后来写了一本《利玛窦中国札记》。在这本书里，他提及中国的秀才、举人、进士时，都拿西方的学位来进行类比，称中国的秀才为学士，举人为硕士，进士为博士。如果按照利玛窦的说法，岳麓书院只招秀才，就是只招大学毕业生，即学士以上的学生。如果比照我们现在的教育制度，岳麓书院招收的就是研究生，它就相当于我们现在的研究生院，可谓是湖南的最高学府。

岳麓书院作为湖南最高学府始于北宋中后期，当时有“潭州三学”的说法。宋代长沙称潭州。“三学”是指潭州州学、湘西书院和岳麓书院。潭州州学是长沙最高级别的官学，湘西书院在现在湖南大学体育馆对面的凤凰山上。按照当时官方的规定，这三所学校或书院在学生培养、招生时密切关联。具体来说，潭州州学的学生通过平时考试积分，积分达到一定的要求，就可以升入湘西书院学习。湘西书院的学生考试积分达到要求，就可以升入岳麓书院学习。从这种积分升学的做法来看，岳麓书院毫无疑问是湖南长沙地区的最高学府。

清初，城南书院与岳麓书院的招生是有明确分工的。

1733年（雍正十一年）定省城书院时，城南书院仅能招收长沙府的学生。1745年（乾隆十年），巡抚杨锡绂认为，因为各级衙门都在湘江东边，而岳麓书院在湘江西边，官员到岳麓书院主持考课必须过湘江，交通非常不便利。于是，他将城南书院迁建至天心阁下，并扩大规模，还把乾隆皇帝新赐给岳麓书院的“道南正脉”匾复制悬挂在城南书院的门首。然后，将岳麓书院的学生都迁入其中学习，目的是用城南书院取代岳麓书院。从现有的文献看，这一规定出台之后，我们并不知道岳麓书院是否停办，但是可以肯定的是其发展陷于停滞，甚至很有可能停止了其日常教学活动。

这种做法实行了十一年之后，到1756年（乾隆二十一年），湖南巡抚陈宏谋进行调整，规定岳麓书院和城南书院都可以招生，只不过岳麓书院只招收秀才以上的学生，城南书院则招收童生，这也意味着岳麓书院的教学活动完全恢复，曾经试图以城南书院取代岳麓书院的做法也取消了。1763年（乾隆二十八年），陈宏谋再次对两所书院的招生进行了调整，规定城南书院同时招秀才和童生，而岳麓书院保持不变，即只招秀才。在城南书院学习的秀才如果成绩优秀，可以通过选拔考试

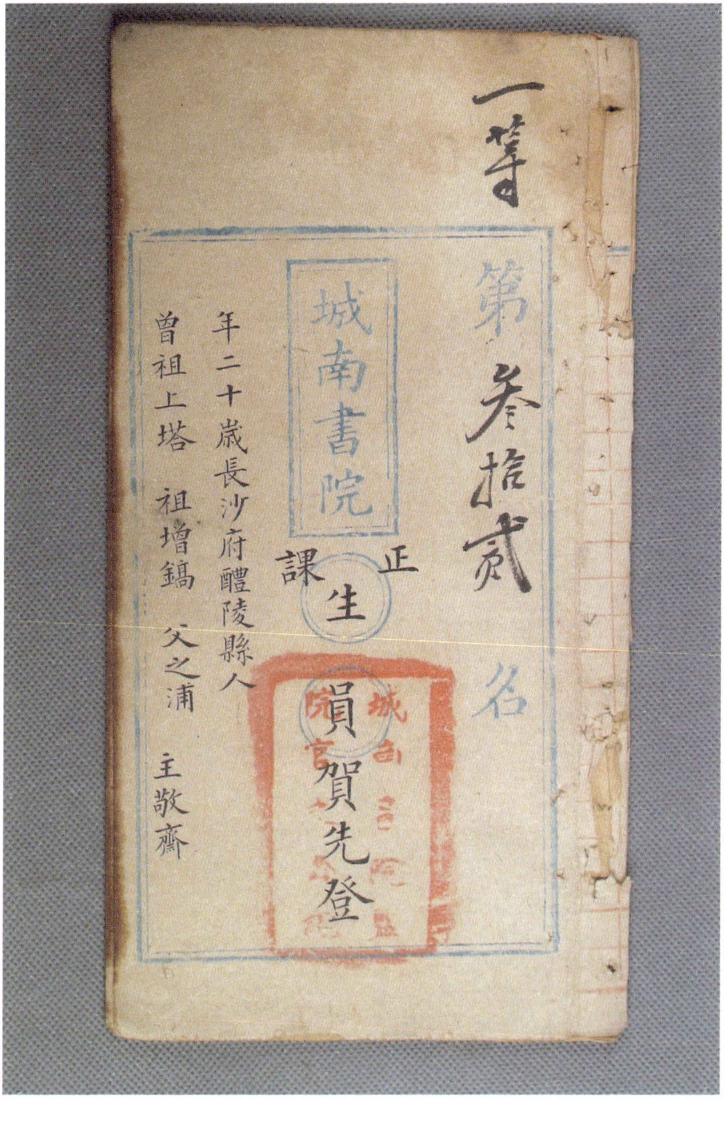

城南书院正课生贺先登课卷

进入岳麓书院继续学习深造。

岳麓书院的招生是由湖南官府组织入学考试，也被称为甄别考试，只有考试合格者才有资格进入岳麓书院学习。从我现在看到的资料来看，岳麓书院的入学考试应该在年底进行，但同时也会根据学生的人数不定期举行入学考试。之所以这样，是因为岳麓书院没有固定的学习年限。岳麓书院不像我们现在的学校，每个学生入学之后，有比较固定的学习年限，比如本科读四年，研究生读三年，比如曾国藩在岳麓书院学习的时间就不长，他是23岁考取秀才，第二年正月入岳麓书院学习，同年八月考取举人，十一月就离开岳麓书院前往北京参加会试，从正月入学到十一月离开，他在岳麓书院学习的时间只有十个月左右。岳麓书院学生是有定额的，如果有学生离开了，就有名额的空缺，需要通过考试来补足，因此也会不定期举行入学考试。

如前所述，到1802年（嘉庆七年），岳麓书院正课生定额是68名，附课生是70名，住院学习的学生为138名。以此为基础数据，有学者推论出整个清代岳麓书院的学生总数是17000人左右。然而，我们认为实际数量要大于此数，因为岳麓书院还有三类学生：第一类是来岳麓书院短

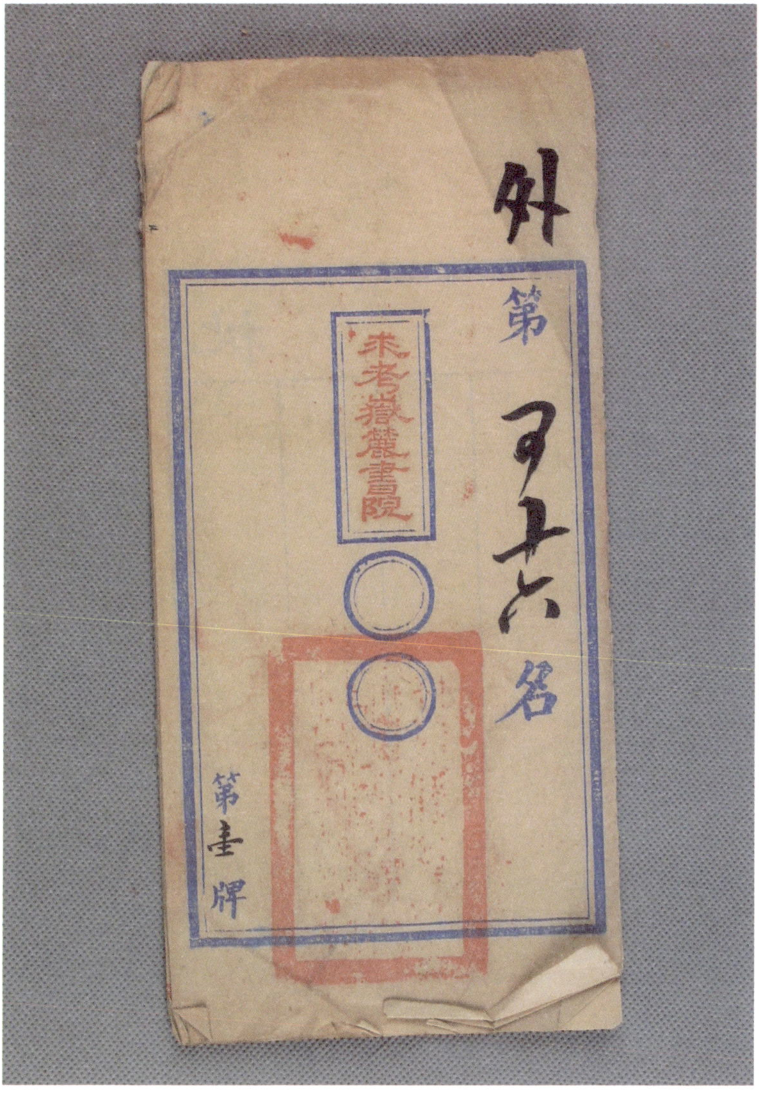

求考岳麓书院试卷卷面

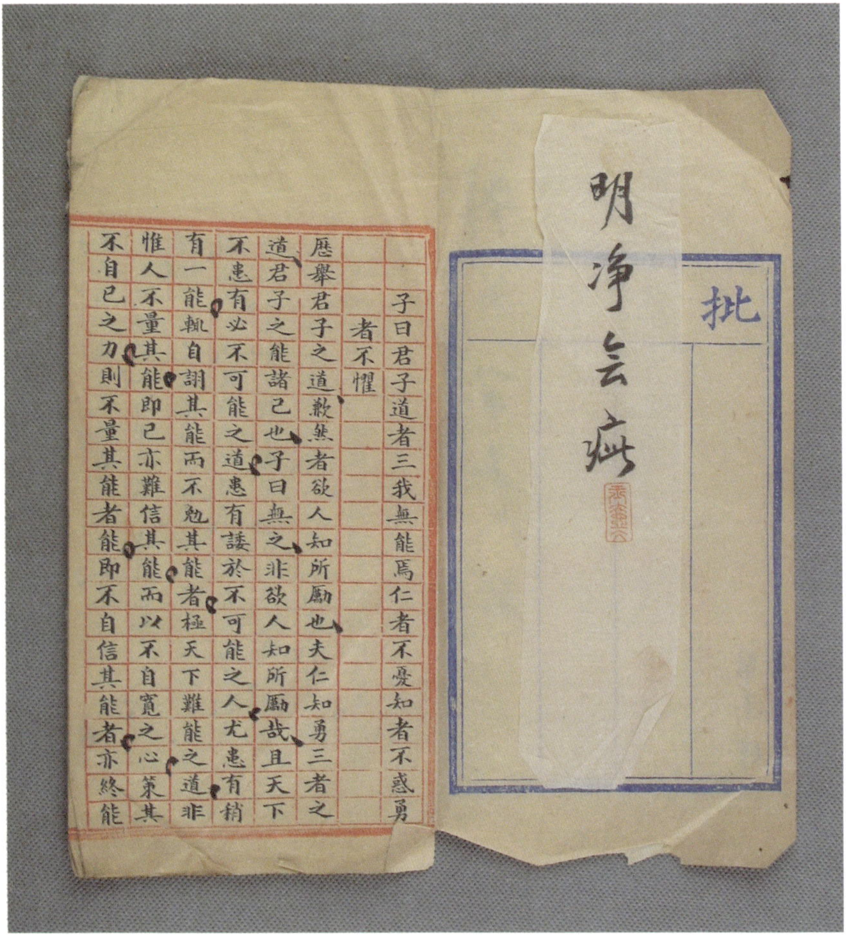

求考岳麓书院试卷批语与正文

期学习的，相当于现在来岳麓书院访问的学者、学生。提出“师夷长技以制夷”的魏源即属于这一类，他在1813年（嘉庆十八年）入学，师从袁名曜山长，他只在岳麓书院学习了几个月；第二类是旁听生，岳麓书院开坛讲学时，允许院外的学生来听讲；第三类，每遇到乡试年份，岳麓书院会增加一定数量的住院学习者名额。这三类学生在描述自己身份时，很多都愿意说自己是岳麓书院的学生，毕竟岳麓书院大名鼎鼎，在此学习是能为自己履历增光的事。因此，我们认为岳麓书院的学生人数远远超过17000人。

讲堂

“实事求是”匾和建筑

沿着中轴线继续往前走，与之垂直的建筑是讲堂。讲堂位于书院建筑的中心位置，是书院教学和讲学的场所，其地位超过了书院的其他建筑。现存讲堂为清朝同治年间

讲堂外景

“实事求是”匾

重建。

讲堂屋檐前悬挂的“实事求是”匾非常醒目。这块匾是湖南公立工业专门学校校长宾步程［（1880—1943），湖南东安县人，1914年—1924年任湖南公立工业专门学校校长］先生写的，1917年挂上去的。之前我们在讲湖南大学校史时讲到，1917年岳麓书院再次空出来后，湖南公立工业专门学校迁进来办学，校长就是宾步程先生。

“实事求是”这个成语既不是宾步程校长想出来的，也不是近现代才出现的，它出自班固《汉书·河间献王传》，班固评价刘德做学问是“修学好古，实事求是”。宾步程校长写的匾被日军飞机炸掉了，现在这块匾是1985年集《石门颂》的字重做的。《石门颂》是东汉一块著名的碑，现在藏在陕西汉中博物馆。因为“实事求是”出自《汉书》，所以集汉代的字最为恰当。

在讲堂前檐上，还挂着一副对联，上联是“工善其事必利其器”，下联是“业精于勤而荒于嬉”。这副对联也是宾步程校长撰写的。只是原来的对联也被日军飞机炸掉了，现在展示的是重做的。

上联“工善其事必利其器”出自《论语·卫灵公》，原文是：“工欲善其事，必先利其器。”意思是工匠要做好他的工作，一定要先磨快他的工具。

下联“业精于勤而荒于嬉”出自韩愈的《进学解》，原文是：“业精于勤，荒于嬉；行成于思，毁于随。”意思是我们的学业会因为勤奋而变得精湛，如果每天玩乐就会荒废；我们德行会因为善于独立思考而提升，如果因循随俗，缺乏自己的独立思考就会沦丧。这副对联虽然看起来平常，但是对学生来说很有意义，是真知灼见，值得我们认真去体会，并且在学习、生活中好好践行。

这副对联不止说了深刻的道理，而且还是一副藏头

讲堂前檐对联

联。所谓的藏头联，是指在对联的开头隐含了有特殊意义的字。上联开头是“工”字，下联开头是“业”字，两个字连起来是“工业”。这副对联是宾步程先生写的，他是湖南公立工业专门学校的校长，把它挂在湖南公立工业专门学校就有了特殊的意义。宾步程校长要求学生们既要掌握技术、本领，又要有独立思考的能力。

讲堂是书院开展教学和举行重大活动的地方，它处于书院的中心位置，是书院最重要的建筑。开展教学活动时，它是教室；举行重大讲学活动时，它就是大礼堂。

讲堂建筑有典型特点——三面有墙，一面没有墙，呈半开放式。这是为了满足书院办学的需要。因为岳麓书院不但需要开展日常的教学活动，还要举行重大的讲学、交流活动，不止院内师生参加，还有大量的院外读书人参加，因此每次来的人数都不一定。如果举行活动，来的人很多，遇到天气好，就往讲堂前的院子里站；如果天气不好，可以往两边回廊站。这种设计方式，实际大大拓展了讲堂的空间。

由于开展教学活动是岳麓书院最重要的职能，因此从它创建之始就有了讲堂。976年，潭州太守朱洞创建岳麓书院时，就有讲堂五间。后来讲堂多次被毁，又多次重建、

湘水校经堂

重修。在岳麓书院的千年发展历程中，讲堂的重建有八次记载，重修有将近30次记载。现在讲堂建筑的基址最早是1687年（康熙二十六年），也就是清朝三藩之乱后重建的。最初讲堂有两个，一个叫静一堂，就是现在的讲堂；一个叫成德堂，就是现在的讲堂左边湘水校经堂的位置。过了100年之后，到1787年（乾隆五十二年），在讲堂前增建了回廊。又过了将近100年，在太平天国运动之后，1868年（同治七年）由湖南巡抚刘崑主持，对讲堂主体进行了重修。

讲堂讲坛

走进讲堂，可以看到正中央有一个讲坛，上面摆了两把椅子，这与我们前面讲过的朱张会讲有关。朱张会讲不仅在当时有巨大的反响，而且深刻地影响了岳麓书院后来的发展。到了元代，有一个叫吴澄的著名学者写了一篇《建岳麓书院记》，他高度评价了朱张会讲对岳麓书院的影响，原文是这么说的："自此之后，岳麓之为岳麓，非前之岳麓矣！地以人而重也。"他的意思是说，从朱张会讲之后，岳麓书院虽然还在原来的地方办学，但是已经不是之前的那个岳麓书院了，已经脱胎换骨了，一个地方最重要的还是人，这指的就是朱熹、张栻这样的学术大师。从这一句我们就可以看出，在吴澄看来，朱张会讲之后，岳麓书院已经不只是全国一流的人才培养机构，也成了学术研究与传播的大本营了。

讲坛上摆两把椅子，表示岳麓书院现在、未来将始终

讲堂讲坛

惟楚有材於斯為盛
一水長流光不湮

沿着朱熹、张栻开创的传统，继续鼓励、支持学术交流与探讨，使岳麓书院成为研究与传播中华优秀传统文化的重镇。

1999年7月11日，岳麓书院联合湖南经济电视台、湖南卫视，在岳麓书院讲堂举办“千年论坛”，第一讲邀请著名学者余秋雨登坛开讲，演讲主题为《走向21世纪的中国文人》，湖南经济电视台实况直播。余秋雨在演讲中呼唤新世纪来临时，文化人为中国搭一座面向世界的复兴中华传统文化的桥。这是国内首开面向社会公众的电视讲学，之后杜维明、李学勤、余光中、释星云、金庸、黄永玉等文化名家接踵而来，在讲堂开讲，由湖南卫视进行现场直播，与现场、屏幕前的观众一起探讨交流。

2014年，岳麓书院联合全球有影响力的华人媒体凤凰网、凤凰卫视，共同发起“致敬国学——全球华人国学大典”。2014年9月29日，在讲堂举办国学大典颁奖盛典，现场揭晓“国学终身成就奖”“国学研究成果奖”以及“国学传播奖”三大国学奖项。数百位文史专家共聚讲堂，共飨这场古典与现代交织共荣的年度文化盛宴，共同见证中华文化史上的国学盛事。

讲堂大字碑

1167年（乾道三年），朱熹来岳麓书院，留下的不止有朱张会讲、赫曦台、《登岳麓赫曦台联句》，还有讲堂上的“忠”“孝”“廉”“节”这四个字，这些字是朱熹此次在岳麓书院时亲笔书写的。“忠”“孝”“廉”“节”四个字是朱熹自己的追求，也是他对岳麓书院学生的期望。明代山长将这四个字保存在岳麓书院的尊经阁里。清代1821年（道光元年），曾国藩的老师欧阳厚均山长把这四个字刊刻在石头上，并且嵌到讲堂两边的墙壁上。由于朱熹当时写在纸上的真迹已经找不到了，现在只能看到四块石碑了。我想朱熹写的原稿应该没有这么大，是刻碑时放大了，这也很正常。

在讲堂回廊墙壁上，还有“整”“齐”“严”“肃”四块碑。这四块碑刻上写着“乾隆丁丑欧阳正焕书”。乾隆丁丑即1757年（乾隆二十二年），欧阳正焕是当时岳麓

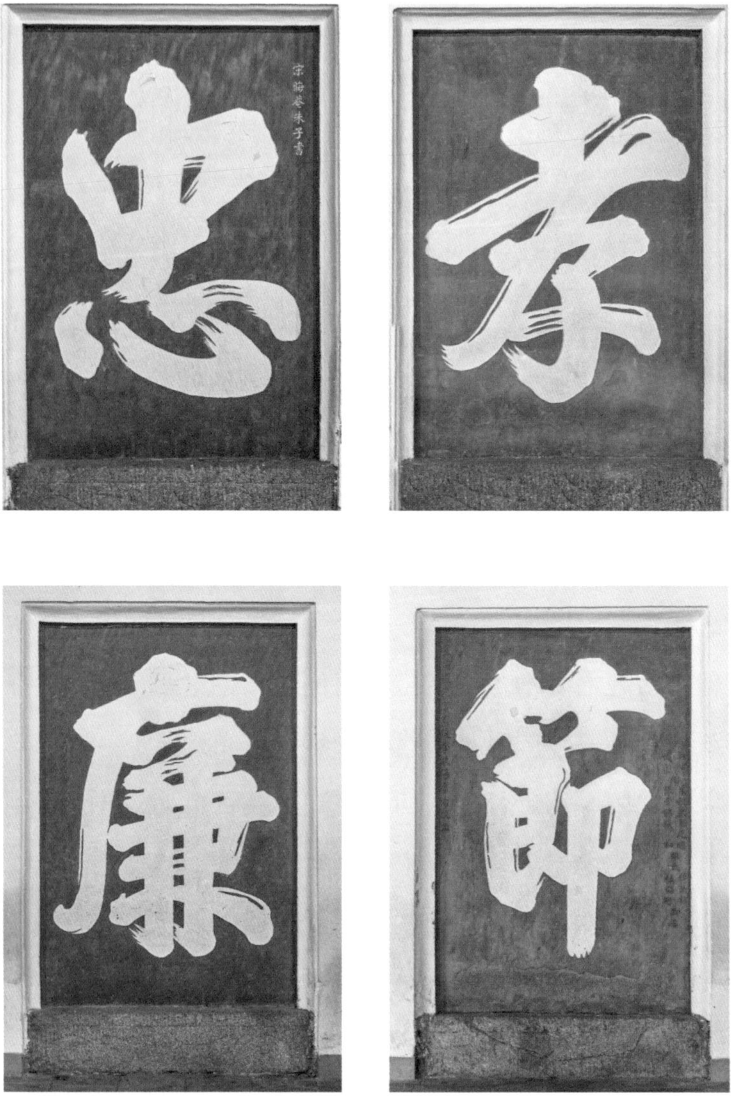

“忠”“孝”“廉”“节”碑

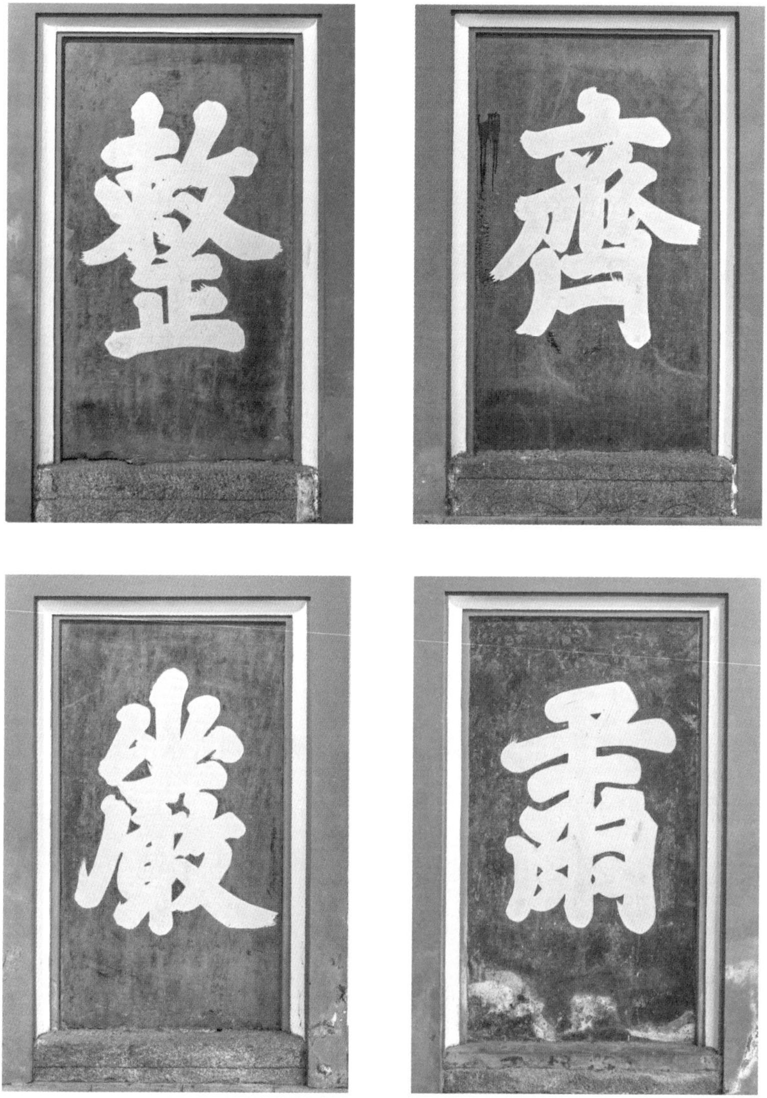

“整”“齐”“严”“肃”碑

书院的山长，这四个字便是由他书写的。他写了字之后，没有刻碑。到1827年（道光七年），欧阳厚均山长将其刻成石碑，并把它们立在讲堂正面的两侧。

讲堂上的这八个字大小略有不同，“忠”“孝”“廉”“节”四个字大一些，每块213厘米高、141厘米宽，字有169厘米高、122厘米宽，这么大的单字碑刻在室内是比较少见的。而“整”“齐”“严”“肃”四个字略小，每块164厘米高、94厘米宽，字有107厘米高、80厘米宽。因为大小差别不大，如果不仔细看，人们一般很难发现这些碑刻的差别。尽管如此，但由于“忠”“孝”“廉”“节”是朱熹写的，其地位远远高过欧阳正焕，因此这四个字被放在了讲堂之中，而“整”“齐”“严”“肃”四个字被放到讲堂两侧相对没有那么重要的位置了。

这八块碑刻中，只有“肃”字是在抗日战争期间被日本飞机炸毁，战后根据拓片复制的，其余七块石碑都是原物。讲堂的这些碑刻能保存下来，应该与岳麓书院被改为宿舍有关。1949年以后，岳麓书院成为湖南大学和岳麓公园的职工用房，里面住满了人，讲堂就成为大家的公共场所。他们把柴火和杂物都堆在讲堂，这些靠墙的碑刻就被挡住了，反而幸运地保存下来。如果是因为有人住在里面，而使这些珍贵的文物得以保存的话，我觉得应该感谢那些曾经住在岳麓书院里面的人。

讲堂屏风

在讲坛的后面，还有一块大屏风，上面有张栻在1165年（乾道元年）所撰写的《岳麓书院记》，其中有“岂特使子群居佚谈，但为决科利禄计乎？亦岂使子习为言语文辞之工而已乎？盖欲成就人才，以传道而济斯民也”一段话。

在这段话中，张栻用两个反问句来得出一个肯定的结论，第一个反问句的意思是，岳麓书院把学生招来，让他们一起学习、研讨，难道只是为了帮他们尽快博取功名利禄的吗？第二个反问句的意思是，难道只是让他们研习汉唐的传注经学，把文章写得更好吗？他是用反问来否定，很显然，这都不是岳麓书院的办学目的，它的办学目的是培养“传道济民”的经世致用之才。“传道”是传授孔孟之道，也可以理解为传授知识学问，即是“知”；“济民”本义是救助百姓，也可以理解为服务百姓，即是

“行”。“传道济民”即知行合一，使湖湘文化具有非常突出的经世致用特征。

张栻在论述知行关系的时候，他说：“始则据其所知而行之。行之力则知愈进，知之深则行愈达。是知尝在先而行未尝不随之也。”这段话的意思是说，我们刚开始做事情的时候，一定是根据已经有的知识去实行。越是努力地去做，则知识长进也越快；知道得越全面、越深入，实行起来就越畅达。因此，知识确实是在实践的前面，但是实践并没有不跟着知识的。在他的思想中，“知”“行”是合一的。他强调“学贵固力行”，也就是说学习的关键就是要能实行。

从元代开始，岳麓书院的办学宗旨就确定为“传道济民”，不仅为岳麓书院培养了大批经世致用的栋梁之才，而且使湖湘文化具有非常突出的经世致用特征。

“传道济民”思想的提出，在一定程度上弥补了理学的不足。程朱理学家强调《大学》的“八条目”，并将其中的“格物、致知、诚意、正心”归为“知”，这里的“知”不仅仅包括个人修养、修行，也包括对外部事物的认知；将其中的“修身、齐家、治国、平天下”归为“行”。他们将“知”和“行”分成两截，提倡先知后

讲坛屏风

道南
院以山名山因院盛千年学府傳千古
嶽麓書院記

行，认为读书人需要学习很长的时间，历经“十年寒窗苦读”才能获得“知”。掌握了知识，并且提升了内在修养，然后才可以“行”，才能做官做事，去教化天下百姓。

尽管理学家们既强调读书人的忧患意识与社会责任，又关怀其修身和知识提升，但是一些读书人往往片面强调个体道德修身，容易脱离现实，缺乏管理社会的能力，在社会出现危难时往往束手无策，正如清代颜元所说的“平时袖手谈心性，临危一死报君王”。这种局面在两宋时期非常突出，一方面，面对少数民族政权的不断进攻，总是以失败告终，“行”的能力非常有限，或者说“行”的效果非常差，所谓的“王师北定中原日”不过是读书人的幻想、空想而已；另一方面，两宋时期涌现出了一批以死报国的忠臣，留下了可歌可泣的故事，这是“知”在他们身上的直接体现。这种“知”与“行”的脱节在两宋时期体现出来就是政治的羸弱。因此，张栻提出的传道济民思想，在一定程度上解决了“知”与“行”脱节的问题，做到了知行合一。

张栻提出的传道济民思想，通过岳麓书院这一湖湘文化大本营真正影响、改变了湖南。因为湖南人有霸蛮的民风和性格，使一部分湖南人具有勇于面对困难、克服困难的能力，这是“行”。然而，由于湖南处于“四塞之围”，湖南人很难走出湖南，比较难以适应外部世界，这在一定程度上又影响了他们“行”的效果。而“传道”，使一部分湖南人走出书斋，关注现实，关注民生，把学问与现实结合起来，做到了经世致用，即“济民”。尤其是当国家、民族处于危难之际，受传道济民思想影响的、有霸蛮性格的湖南人，往往能挺身而出，成为英雄豪杰，把“知行合一”体现得淋漓尽致，他们不但改变了湖南，而且改变了近代以来的中国。

“道南正脉”匾

在讲堂的上方，高高地悬挂着“道南正脉”匾，我一直认为它是岳麓书院最珍贵的文物，是镇院之宝。之所以这么认为，有两个理由。

第一，这块匾有着极高的文物价值。1743年（乾隆八年），因湖南巡抚蒋溥非常重视理学，希望作为理学重镇的岳麓书院能更充分地发挥作用，于是他向朝廷报告，基于岳麓书院在理学方面做出的巨大贡献，请求乾隆皇帝赐匾给岳麓书院，以鼓励、支持岳麓书院更好地研究和传播理学。乾隆皇帝接受了湖南巡抚的请求，御笔亲书“道南正脉”四个大字。1744年（乾隆九年）正月初九，御笔亲书的“道南正脉”被送到了岳麓书院。之后，这四个字被刻在了金丝楠木匾上。三月十九日，岳麓书院举行盛大的仪式，把这块匾悬挂起来了。

在岳麓书院现存的文物中，不要说宋真宗题写的

“道南正脉”匾

“岳麓书院”匾没有了，连清朝的“惟楚有材，于斯为盛”“纳于大麓，藏之名山”“潇湘槐市”“实事求是”等对联匾都没有保住。这块“道南正脉”匾能保存下来，是有历史机缘的。在抗日战争时期，这块匾躲过日军飞机的轰炸幸运地保存下来了。到20世纪，有人想把这块匾当做“四旧”物品毁掉。有一位老人觉得毁掉太可惜了，就把这块匾偷偷地搬回家里藏了起来，当时也没有人追查，因此得以好好地保存下来。改革开放初期，这位老人又将这块匾送回到岳麓书院，真正是物归原主。正是因为有这位普通而不平凡的老人，这件极其珍贵的文物才得以完好无损地保存下来。据我所知道的情况，它是皇帝赐给书院，又由被赐书院原物保存的全国唯一一块匾。因此，从文物价值来说，“道南正脉”匾确实是岳麓书院的镇院之宝。

第二，这是乾隆皇帝对岳麓书院学术地位的高度评价。匾中“道南”二字的意思是理解这块匾的关键，而这两个字又与成语“程门立雪”直接相关。“程门立雪”这个成语故事讲的是洛阳的程颢、程颐兄弟是北宋著名学者，福建将乐的杨时是他们的学生。有一天漫天大雪，杨时和同学去请教老师程颐，正好老师在睡觉。杨时和同学们都非常尊敬老师，不敢打搅老师的休息，但也没有走，就站在门外的雪地里等着。等程老师醒来时，他们才进去向老师请教，当时门外雪有一尺深了。这就是程门立雪的故事，现在用来比喻求学心切和尊师重道。

杨时如此尊敬老师和用心学习，自然得到了程颢、程颐两位老师的真传。等到杨时毕业时，程颢非常高兴地对他说：“吾道南传矣。”“吾”就是我，“道”就是学问的意思，这里指理学，他的意思是说：“因为你这个优秀的学生毕业要回家了，我们的理学正好通过你可以往南传了。”这就是“道南”的来历。“正脉”就是正宗、正统的意思。乾隆皇帝把“道南正脉”赐给岳麓书院，就是认为岳麓书院是二程理学南传的正宗、正统。这是皇帝的评价，也是官方的最高评价。

杨时把二程的理学带回了福建，传给南剑州（今属福建南平）罗从彦，罗从彦传给南剑州李侗，李侗又传给在崇安（福建武夷山）的朱熹，完全可以说理学南传的正宗在福建。既然如此，为什么还要说岳麓书院是“道南正脉”呢？因为程颢、程颐的学生不止有杨时，还有上蔡（今河南）谢良佐（另一种说法是朱长文、靳裁之）。而福建人胡安国既是谢良佐的朋友，也是他们的学生，胡安国又把学问传给儿子胡宏，胡宏正是岳麓书院主教张栻的老师。正因为这样，我们完全可以说岳麓书院也是理学南传的正宗。

因此，无论是从皇帝御赐原匾的保留，还是从对岳麓书院学术地位的高度评价来看，这块匾都必然成为镇院之宝。

“学达性天”匾

在“道南正脉”匾的前面，讲堂正中还悬挂着一块“学达性天”匾。这一块匾是康熙皇帝赐的。三藩之乱后，恢复办学的岳麓书院规模越来越大，湖南巡抚丁思孔为了巩固岳麓书院的地位，请求朝廷赐匾赐书。他的请求得到了朝廷的认可，1686年（康熙二十五年）春天，康熙御笔亲书的“学达性天”匾和一批经史书籍被送到了岳麓书院，这是清朝统治者第一次赐匾、赐书给岳麓书院。

一般来说，康熙皇帝是爷爷，乾隆皇帝是孙子，而且在历史上康熙皇帝的历史地位并不比乾隆皇帝低，为什么孙子题写的匾被挂到了正中央，爷爷题写的匾却挂在相对没有那么重要的位置呢？其中有三个原因：

其一，这块“学达性天”匾是复制品，原匾已经损毁了，现在这块匾是集康熙皇帝的字重做的，因此它的文物价值完全没有办法跟“道南正脉”匾相比。

“学达性天”匾

其二，康熙皇帝御赐这块匾时，除了岳麓书院之外，还赐给了白鹿洞书院以及周敦颐、张载、程颢、程颐、邵雍、朱熹六人的宗庙祠堂，一共是八个地方。这有点类似于我们现在短信、微信群发，与唯独只赐给岳麓书院的“道南正脉”匾相比，就显得没有那么重要。

其三，与这块匾的内容有关。“学达性天”中的“学达”是来自《论语》，原文是：“不怨天，不尤人，下学而上达。”大意是：我不埋怨天，也不责备人，下学礼乐而上达天命。“性天”来自《中庸》，原文是：“天命之谓性。”大意是：天所赋予人的东西就是性。“学达性天”就是希望岳麓书院、白鹿洞书院等地方能达到穷尽天理、天人合一的最高境界。与“道南正脉”匾给岳麓书院极高的肯定性评价不同，“学达性天”匾是对岳麓书院等地提出的期望和要求。因此，相较而言，“学达性天”匾的地位比不过“道南正脉”匾，将后者挂在讲堂的正中央是有道理的。

立石碑的山长欧阳厚均

“忠”“孝”“廉”“节”和“整”“齐”“严”“肃”碑都是由欧阳厚均山长立在岳麓书院讲堂的。

欧阳厚均（1766—1846），字福田，号坦斋，湖南安仁县人。1786年（乾隆五十一年）考中秀才。1789年（乾隆五十四年），23岁的欧阳厚均前往岳麓书院学习，师从罗典山长。这一段学习经历对他的治学、为人和教学工作都有深刻的影响。1794年（乾隆五十九年）考中甲寅恩科举人。1799年（嘉庆四年）高中己未科进士，先在北京任户部主事、员外郎、郎中等职，后擢升为浙江道监察御史。做官十六年后，已经四十多岁的欧阳厚均以照顾高龄的母亲为由，放弃了仕途，回到老家。自1818年（嘉庆二十三年）起，至1844年（道光二十四年）止，欧阳厚均担任岳麓书院山长27年之久，与罗典山长两人都创下了任山长长达 27 年的纪录。欧阳厚均既是岳麓书院的学生，又是岳麓书院的山长，与岳麓书院有着不解之缘。

欧阳厚均勤于著述、精于编纂，并将道德、学问与书院人才培养结合起来。他提出德以诚为本，认为为人、问学、立言之道都在于“诚”，并以身作则，躬行实践，告诫学生以“诚”为本。他在继承张栻提出的“传道济民”办学传统的基础上，提出要通过“有体有用之学”来培植人才，要求学生将所学用于平日待人处世、致君泽民中，在实践中发挥它的实际功效。他认为只有切实做到有体有用、体用结合的人才，才有可能“出为良臣，处为良士”。在教学方法上，他提出要“于培育之中寓鼓励之念”，对待学生要循循善诱，多鼓励他们。在他当山长期间，书院气氛活跃，教学相长，备受学生的欢迎与爱戴，也吸引了不少好学之士前来求学。欧阳厚均先后培养了数以万计的弟子，登记在案的多达3000人，其中多为湖湘隽秀。

在担任岳麓书院山长期间，欧阳厚均先后捐赠自己的收入千余两，共主持完成了23项书院建筑工程，修复古迹18处，较大的工程有新建供祀朱熹、张栻的崇圣祠，在供祀二程的四箴亭内的墙壁上嵌勒相关石碑，改建半学斋，重修讲堂、禹碑亭、道中庸亭、极高明亭、爱晚亭等，立朱熹手书“忠”“孝”“廉”“节”碑和欧阳正焕所书“整”“齐”“严”“肃”碑于讲堂等，让岳麓书院焕然一新。

欧阳厚均对岳麓书院的贡献，还体现在他主持编纂《岳麓诗文钞》上。全书上起唐宋，下至清朝，以时代先后排序，分四大部分：《诗钞》（35卷）、《词钞》（1卷）、《赋钞》（3卷）、《文钞》（18卷）。书中收录了许多记载岳麓书院历史的重要文献，如南宋张栻的《岳麓书院记》、南宋陈傅良的《重建岳麓书院记》、元代吴澄的《建岳麓书院记》、明代李东阳的《建岳麓书院记》等，为后世研究岳麓书院历史沿革提供了珍贵的资料。除此之外，他还编辑、刊刻了《岳麓书院同门齿录》（初、续两集）、《岳麓书院课艺》（1—4集）、《岳麓山长传》等。

在岳麓书院的藏书方面，欧阳厚均也做出了重大贡献。嘉庆二十年（1815），在湖南巡抚李尧栋的支持下，购买了大量珍贵图书，有330函，387部图书，一共3271本。为了保护好这些图书，欧阳厚均还制定了较为完备可行的图书征集、整理编目和借阅保管制度。

欧阳厚均文思敏捷，善于对对联。相传他担任岳麓书院山长时，有一天晚上，正好是过节，学生们都到河东看戏、游玩去了。他一个人坐在书房，焚香夜读。忽然，有一白发苍苍、相貌古怪的老人直接推门而入，非常傲慢地指着院中的一棵古槐对欧阳厚均说：“我久仰您的道德文章，想请您对一副对子。我的上联是‘槐树千年成木鬼’，请您现在就对出来，否则莫怪我看不起你。”欧阳厚均当然知道这是“拆字格”联，把“槐”字拆成“木”“鬼”二字，而且浑然天成，要对上确实不容易。他看到窗外月色笼罩下的岳麓山，神闲气定，缓缓说出“岳麓万古仰丘山”七个字，他将“岳”拆成“丘”“山”二字，真是妙语天成。那个傲慢的老人立即改变了态度，赞叹说：“夫子文章道德，果然名不虚传！”恭恭敬敬地向欧阳厚均作了一个揖就离开了。

欧阳厚均在岳麓书院的办学成绩得到官方高度评价，先后八次得到朝廷奖励，皇帝三次下旨表扬。欧阳厚均过世后，岳麓书院建山长专祠奉祀，以纪念这位对书院有突出贡献的山长。他是继罗典之后岳麓书院又一位著名山长。正如李元度所说：“国朝耆宿主讲席最久者，推罗慎斋先生，而坦斋夫子继之，各二十有七年。湘人士无不宗仰两先生。”

欧阳厚均培养“有体有用人才”的育人宗旨，是对湖湘文化中经世致用精神的准确把握，罗绕典、江忠源、曾国藩、贺长龄、左宗棠、郭嵩焘、李元度、唐训方等都出自其门下，他们对湖南乃至近代史都产生了重要影响。因此，可以说，欧阳厚均通过其“始终不倦”“著有成效”的教学活动对湖湘文化产生了重要影响。

岳麓书院学规碑

在讲堂左边墙壁上还有一块并不显眼的小石碑——“岳麓书院学规”碑。这块石碑尽管尺寸并不大，但是它在中国书院教育史上有着极为重要的地位，也是岳麓书院极为珍贵的文物。这块碑是1748年（乾隆十三年）岳麓书院山长王文清制定的。

王文清（1688—1779），字廷鉴，号九溪，人称九溪先生，湖南宁乡县人。王文清于1724年（雍正二年）甲辰科中进士，累官至内阁中书科中书舍人、奉直大夫、考录御史。有人把他与王夫之、王闿运和王先谦并称为清代湖南“四王”。

王文清两次担任岳麓书院山长。1748年（乾隆十三年）二月，61岁的王文清任岳麓书院山长，至1750年丁父忧回家，此次任岳麓书院山长两年有余。十四年后，即1764年（乾隆二十九年），王文清被湖南巡抚再聘任为岳

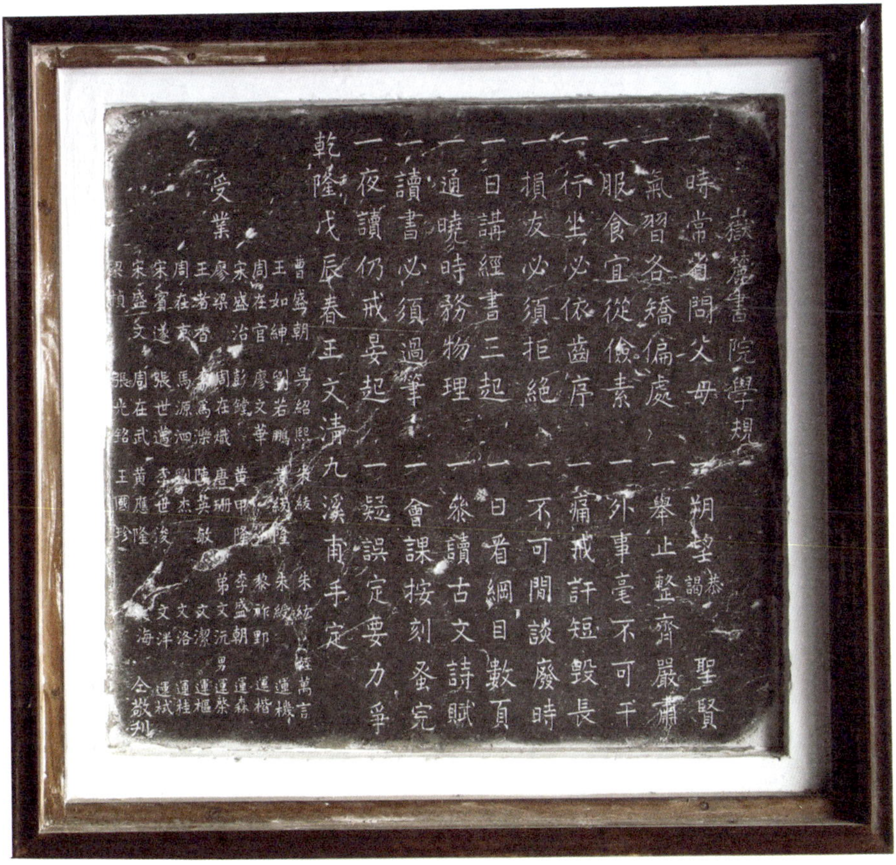
嶽麓書院學規
一時常省問父母　一朔望恭謁聖賢
一氣習各矯偏處　一舉止整齊嚴肅
一服食宜從儉素　一外事毫不可干
一行坐必依齒序　一痛戒訐短毀長
一損友必須拒絕　一不可閒談廢時
一日講經書三起　一日看綱目數頁
一通曉時務物理　一參讀古文詩賦
一讀書必須過筆　一會課按刻蚤完
一夜讀仍戒晏起　一疑誤定要力爭
乾隆戊辰春王文清九溪甫手定
受業

“岳麓书院学规”碑

麓书院山长，至1772年（乾隆三十七年）告老还乡，此次任期为八年。他两次任岳麓书院山长，超过十年，是岳麓书院历史上任职时间较长的山长。他对于岳麓书院的最大贡献是制定《岳麓书院学规》和《读书法》两个制度性的文件。

这块碑开头着写“岳麓书院学规”。《教育大辞典》对“学规”的释义是：“古代学校规章之总称。宋代以后，扩展为学校和书院的规章制度，包括办学的宗旨和基本原则，课程设置、教学组织和成绩考核，学官和掌教的职责，弟子的行为规则等。”学规大概相当于我们现在的学生守则。

这个学规共十八条，我们逐条予以解释。第一条是“时常省问父母”，这里的“省”在这里读“xǐng”，是看望的意思；“问”在这里是表示关切地询问的意思，这一条是要求学生要经常看望、问候父母，学生必须遵守孝道。

第二条是“朔望恭谒圣贤”，“朔”是每月的初一的意思，“望”是每月的十五日的意思，“恭”是恭敬、谦逊有礼貌的意思，“谒”是拜见的意思，“圣贤”是指古代的圣人和贤人。这一条是要求学生在每月的初一、十五恭敬地拜谒古代的圣人和贤人。在这一条中，把“恭谒”两个字缩小，下面留出空格，并没有特别的用意，只是按照古代的书写格式来刻碑的。按照规定，凡是遇到“圣”“御”“皇”“上谕”之类的字，要另起一行，并且比正文要高三格、两格或者一格书写，在古代叫抬写格式。这里为了刻碑的方便和美观，“圣”字没有另外起一行抬写，就把“恭谒”两个字缩小，前面就空出两格来了，这样也相当于抬写了。

第三条是“气习各矫偏处”，“气习”是气质、习性的意思，“矫”是纠正的意思，“偏处”就是不正确的地方。这一条是要求学生不断纠正自己的不良习惯，养成良好的气质和习性。

第四条是“举止整齐严肃”，“举止”是姿态和风度、举动的意思，“整齐”在这里是端正、漂亮的意思，“严肃”在这里是神态庄重、恭敬的意思。这一条是要求学生养成良好的气质和习惯以后，要外化为端正、庄重的姿态，并且表现出良好的风度。

第五条是“服食宜从俭素”，“服”在这里是穿的意思，“食”就是吃，“俭”是俭朴。这一条是要求学生穿衣、吃饭都要简单、朴素，即要求学生生活节俭，不要追求豪华、奢侈的生活。

第六条是“外事毫不可干”，“外事”在这里是指朝政之事，要求学生们丝毫都不要议论、干预朝政之事，实际是指学生不要议论、干预政治。

第七条是“行坐必依齿序”，“行”就是走路、行走，“坐”就是坐下来，“齿序”是年龄的次序。这一条是要求学生在走路、坐位子时遵照年龄长幼，要求学生讲礼貌、尊重长辈，即遵守基本的礼仪制度。

第八条是“痛戒讦（jié）短毁长”，“痛”在这里是彻底、尽情的意思，“戒”就是戒除，“讦”就是攻击别人的短处或者揭发别的隐私，“毁”在这里是诽谤，讲别人坏话的意思。这一条的意思是一定不能揭发别人的隐私或者攻击别人的短处，更不要去诽谤别人、诬陷别人。

第九条是“损友必须拒绝”，这一条比较好理解，就是坚决不能做损害朋友的事情，对朋友要讲信用，要诚实守信。

第十条是“不可闲谈废时”，就是要求学生努力学习，不要闲谈浪费时间。对于现在的学生们来说，不“闲谈”就是要尽量少刷手机、少玩游戏，把更多的时间放在学习、阅读和思考上。

这十条是讲德育，每一条内容都贴近学生的实际、贴近学生的生活，并不是高高在上地教训。如果学生们能做到这十条，那就可以成为一个孝敬父母、尊敬圣贤、气度非凡、举止端庄、生活俭朴、处事从容、礼貌优雅、为人忠厚、朋友有信和惜时如金的好学生。后八条是讲智育，即学习的内容和方法。

第十一条是“日讲经书三起”，这里的“三”是多次或多数的意思，即要求学生们每天读儒家经典若干篇章。

第十二条是“日看纲目数页”，这里的“纲目”是指朱熹编纂的《资治通鉴纲目》，一共59卷，记载了上至公元前203年（周威烈王二十三年），下至959年（后周世宗显德六年）的历史，是明清两代的史学课本。这里也可以理解为史书，即要求学生们每天读史书若干页。这一点对岳麓书院学生曾国藩的影响很大，在他32岁时为自己所定的日程中，明确提出“读史，二十三史每日读十叶，间断不孝”，明确每天读史书十页。

第十三条是“通晓时务物理”，这里的“通晓”就是透彻地了解，“时务”在这里是当世之事，指有关国计民生的大事，“物理”在这里是指事物的道理。这一条是要求学生透彻地了解有关国计民生的大事和事物的道理、规律。

第十四条是“参读古文诗赋”，“参”就是相间、夹杂的意思，“古文”泛指古代的文章和典籍。这一条是要求学生在读经史的同时，还需要读古代的文章、典籍和诗赋等。这不但可以提高他们的文学水平，而且还能陶冶他们的情操，这一点对现在的学生仍然有现实意义。

第十五条是“读书必须过笔”，这是要求学生读书时，一定要多做记录、做批注。我举个例子，梁启超阅读曾国藩所写的文章、奏折、书信时，觉得非常受益，他一边读，一边把他认为曾氏所写文字中有意义的句子抄写下来，后来编成一本《曾文正公嘉言钞》，出版以后成为很多人了解曾国藩思想精髓的重要著作。

第十六条是“会课按刻蚤完”。《教育大辞典》对“会课”一词的解释是：“又称‘作课’。是书院定期举行的各种考试形式的统称。依主考、命题者不同，分为官课与师课（斋课、馆课）两类。”“按刻”是按时的意思，“蚤”是个通假字，通“早”。这一条是要求学生尽早完成考试，也可以指学习任务、作业尽早完成，不要拖延。

第十七条是“夜读仍戒晏起”，这里的“晏”是晚的意思。这一条是要求学生们即使晚上读书，第二天也还要早起，要养成早起的习惯。这一点也影响到了曾国藩，他在所订的日程中，规定“早起，黎明即起，醒后勿沾恋”，要求自己每天天一亮就起床，醒来后不要贪恋温暖的被窝。

第十八条是“疑误定要力争”，这里的“疑误”是指有疑问、不清楚的地方。这一条是要求学生们学习时，有不清楚、不明白的地方一定要通过交流、辩论弄清楚、弄明白，不要存疑。这一点既可以用在学习上，也可以用在工作上，非常有意义。

这八条学规，要求学生掌握经、史、时务、诗词歌赋等知识，并且掌握正确的读书方法和养成良好的习惯。《岳麓书院学规》是岳麓书院教学思想的精髓之所在，我们要好好去领会它所蕴含的思想，对当下的教育、教学都有指导意义。

讲堂长联

在讲堂左右两面墙上，悬挂了一副长联。上联是“是非审之于己，毁誉听之于人，得失安之于数，陟（zhì）岳麓峰头，朗月清风，太极悠然可会”；下联是“君亲恩何以酬，民物命何以立，圣贤道何以传，登赫曦台上，衡云湘水，斯文定有攸归”。这是现在岳麓书院展示出来的最长对联，为山长旷敏本撰写。旷敏本是湖南衡山人，1736年（乾隆元年）高中进士，选为翰林院庶吉士，后因病回家。1754年（乾隆十九年），湖南巡抚胡宝瑔聘其为岳麓书院山长。

上联的“是非审之于己”中，“是非”是对的和错的、正确和谬误，“审”是详知、明悉，引申为详尽细密之意，“于己”就是在于自己。这句话的意思是说，事情的正确或者谬误，需要自己在全面了解之后，加以认真思考，然后做出判断。

是非審之於己毀譽聽之於人得失安之於數陟嶽麓
峯頭朗月清風太極悠然可會
臺上衡雲湘水斯文定有攸歸
君親恩何以酬民物命何以立聖賢道何以傳登赫曦

讲堂长联

“毁誉听之于人”一句中，“毁”是诽谤、讲别人的坏话，“誉”是称扬、赞美的意思，“听”是听任、任凭的意思，“于人”是在于别人。这句话的意思是说，对于自己所做的事情，人家怎么评价那是人家的事情，不要太在意。

“得失安之于数”中的“得”是得到的意思，“失”就是失去的意思，“安”是安适，比如心安理得，“数”字难理解一些，在这里是命数、命运的意思。这句话是说，做完事情之后，得到什么、失去什么，或者说成功与否，都不要太在乎，这些都是命运决定的，对此应该要保持好的心态。

有的人认为“是非审之于己”是儒家强调的“慎独”，“毁誉听之于人”是儒家的“耳顺”，“得失安之于数”是儒家的“知天命”，

“慎独”，是儒家的修身方法，也是儒家的修身境界，就是要求我们每个人在自己独处时想的、说的和做的，要与在大庭广众之下、众目睽睽之中是一模一样，这就是“慎独”。如果能做到慎独，当然就可以做到“是非审之于己”了。“耳顺”是既能听得进赞美的话，又能听得进逆耳的话，不会影响自己的初衷。如果能做到“耳

顺”，当然就可以做到“毁誉听之于人”。“知天命”不能简单地理解为听天由命，而是说人到了一定的年龄、有了一定的阅历之后，会努力、认真地对待生活，但不会强求结果，也就是说会重过程，而不看重、不纠结、不强求于结果。如果能做到“知天命”，当然就能做到“得失安之于数”。

“陟岳麓峰头”的“陟”在这里是升、登的意思，这里说的是登到岳麓山山顶。“朗月清风”就是“明月清风”的意思。“太极悠然可会”中的“太极”一词，是中国哲学史上的一个概念，有多重解释，在这里可以解释为派生万事万物的本原。那么，“陟岳麓峰头，朗月清风，太极悠然可会”就可以理解为等到达岳麓山山顶，感受到明月清风，就可以在一种淡泊的心境中领悟宇宙的本原了。

旷敏本山长通过上联，告诉学生只有在不断提升自己修养的基础上，才能在学术上有更大的进步，才能有更高的精神境界。他提出的对学生“是非”“毁誉”“得失”的要求是基于现实的，我们每个人每天都要面对这些，只有处理好这些现实问题，才能有学术、精神的超越，就是“太极悠然可会”。

下联中的“君亲恩何以酬”中，“君”是指皇帝，“亲”是指父母，“酬”是报谢、偿还，这一句的意思是皇帝和父母的恩情如何报答。“民物命何以立”中，“民物”在古代是相互联系的概念，著名的理学家张载讲“民胞物与”，意思是“民为同胞，物为同类”。“民物命何以立”的意思可以理解为人民和万物的安身立命之本该如何把握。“圣贤道何以传”的意思是孔孟之道怎么传承下去，才能让更多的人接受。这是旷山长对于岳麓书院学生的要求，希望他们能通过自己努力学习，报答皇帝、父母的恩情，为人民、万物找到安身立命之所，更好地传承孔孟之道。

“登赫曦台上”一句的意思是登上岳麓山，站在赫曦台上。“衡云湘水，斯文定有攸归”的意思是说，看到湖湘大地的山山水水，跟大自然融为一体，达到天人合一的境界，那么如何报恩，如何找安身立命之所，如何传播孔孟之道就都有了答案。与上联一样，下联也强调现实与超越的结合，“报恩”“找安身立命之所”“传孔孟之道”是现实的，“登赫曦台上”“衡云湘水”“斯文定有攸归”也是精神的超越。

这副对联的上联主要是从学生个体修身出发，要求学生通过学习提升自己；下联则主要立足于社会层面，要求学生通过学习获得履行社会责任的本领。

读书法碑

在讲堂的后墙上嵌着一块小石碑——“王九溪先生手定读书法”碑，碑文是：“王九溪先生手定读书法。读经六法：一、正义。二、通义。三、余义。四、疑义。五、异义。六、辨义。读史六法：一、记事实。二、玩书法。三、原治乱。四、考时势。五、论心术。六、取议论。乾隆戊辰春受业弟子敬刊于岳麓书院。”这块碑与“岳麓书院学规”都是王文清山长手定的，刊刻时间都是1748年（乾隆十三年）。

我们先看“读经六法”。这里的“经”当然是儒家经典，“六法”是指读经的六个方法。一是“正义”，即要求学生对“历代学者对经书每一个字的解释、考证”有正确的把握，这是学习经典的基础。二是“通义”，是要求学生对于“历代学者对于整篇、整部经书语义融会贯通后的思想”有全面的理解，进而才能比较宏观地把握经典

王九溪先生手定讀書法
讀經六法
一正義 二通義 三餘義
四疑義 五異義 六辨義
讀史六法
一記事實 二玩書法
三原治亂 四考時勢
五論心術 六取議論
乾隆戊辰春受業弟子
敬刊於嶽麓書院

“读书法”碑

的内容。三是“余义”，即要求学生了解“历代学者从经书引申出来的、派生出来的思想”，如此才能启发自己的思维，开阔自己的思路。四是“疑义”，是要求学生能全面认识“历代学者在阐发经典过程中提出的质疑”。五是“异义”，即要求学生能对“历代学者因为各种原因，对于经书理解的不同观点”有辩证的认识，并且能进行比较、分析。六是“辨义”，即要求学生对于“历代学者论证、批驳前人的观点”有全面的理解，以培养学生的创新精神。

“读史六法”，一是“记事实”，“事实”是指历史的实际情况，或者历史的真实，“记事实”就是通过读史书了解历史真实。

二是“玩书法”，“玩”在这里是研讨、反复体会的意思，“书法”在这里是写史书的方法。“玩书法”就是反复体会史书的体例、记载史实的方法，重要的是要能准确把握史书编纂者的立场观点和价值取向。从史书的编写体例来说，有纪传体的史书，比如司马迁写的《史记》；有编年体的史书，比如司马光的《资治通鉴》；有纪事本末体，比如《宋史纪事本末》；有国别体，比如《国语》等。从史书的撰写方法来说，“书法”又有秉笔直书、春秋笔法、微言大义等。秉笔直书就是历史真实是什么，就记什么，直接记录。春秋笔法，是指先秦时期的史学著作《春秋》，只有一万多字，用非常简单的手笔、平淡的语言，把历史事实和结论写出来。后来把对历史的褒贬高度凝练在曲折文字之中的史书写作方法，称为“春秋笔法”。“微言大义”就是把深刻的道理包含在精微的语言里面。正因为史书有不同的体例，有不同的撰写方法，需要读史的人反复体会，才能真正读懂历史。

三是“原治乱”，这里的“原”做动词用，是推寻本原、考察缘由的意思；“治”是有秩序、安定的意思。历史上的太平盛世一般被称为“某某之治”，比如西汉的“文景之治”、唐代的“贞观之治”；历史上的乱世被称为“某某之乱”，比如唐代的“安史之乱”、清代的“三藩之乱”。“原治乱”字面意思是通过读史书，探究为什么会出现盛世和乱世，实际就是探究历史的发展规律，总结历史的经验教训。

四是“考时势”，“考”在这里是思虑、研求的意思，“时势”是时代的趋势、当前的形势的意思。这一句是要求学生通过读史书，来探求社会的基本格局和时代的发展趋势。

五是“论心术”，“论”在这里是辩论、评论的意思，“心术”是心计、计谋的意思。“论心术”是要求学生探讨历史的动机、目的等，要有看待历史的正确方法和态度，既不能以古非今，认为古代一切都好、现代一切一定都不好；也不能以今非古，认为现代一切都好、古代一切都不好；更不能因为自己的一己之私，肆意歪曲、篡改、虚构历史。

六是“取议论”，即要求学生对于历史事件、人物的评价和议论加以审视，形成自己的价值判断。我们如果能按照这个读史六法来学习历史，一定能成为通古知今的人，也一定能做到以古鉴今。

王文清山长所定的“读书法碑”和“岳麓书院学规碑”相互补充，相得益彰，是讲堂上非常重要的碑刻，也是岳麓书院的教学精华，对我们当下老师的教学、学生的学习都有借鉴意义。

之前，湖南巡抚杨锡绂试图以城南书院取代岳麓书院，导致岳麓书院的教学活动被削弱，甚至停止。随后，巡抚陈宏谋到任，他下令让长沙知府吕肃高重修岳麓书院后，招收秀才办学。王文清便是在这个节点上担任岳麓书院山长。面对已经停止教学超过十年的岳麓书院，为使岳麓书院恢复教学功能，重新办学顺利进行，王文清做了四个方面的努力，即帮助筹措重新办学的经费；增修生徒的宿舍，一共两层数十间；为了保证书院的安全，请求官方增加在书院四周巡逻的更夫；重新调整了书院的大门朝向。

王文清92岁高龄过世后，入祀岳麓书院山长祠。正是在他的执掌下，书院走上人才培养、学术研究与传播的快车道，有人评价为“书院遂从此中兴”，他对岳麓书院的重要贡献得到世人的公认。

御书楼

穿过讲堂的后门，来到御书楼前。之前讲过，岳麓书院多次得到了皇帝的赐书，宋真宗曾赐给岳麓书院书籍，明朝嘉靖年间也曾得到皇帝赐书，1686年（康熙二十五年）康熙皇帝也赐书给岳麓书院。因为藏有皇帝的赐书，保存这些书籍的地方叫御书楼也就名副其实。

不过，岳麓书院的藏书楼并不是一开始就用“御书楼”这个名称。999年（咸平二年）开始建时称“书楼”。之后多次被毁，又多次重建，先后被改名为“藏经阁”“尊经阁”等。明朝两次重建，在其墙壁上嵌有“紫阳遗迹”“忠”“孝”“廉”“节”等碑刻。到1686年，因为再次得到了皇帝赐书，重建的藏书楼便正式命名为“御书楼”。同时，在御书楼前面新建文昌阁，使御书楼和文昌阁成为一个小院落。

清代御书楼的藏书是比较丰富的。乾隆年间，岳麓书

御书楼

院的藏书有3271本，达到10054卷。此后，岳麓书院的藏书不断增加。然而，1852年（咸丰二年）太平军攻打长沙时，岳麓书院的藏书被战火烧毁，荡然无存。太平天国运动之后，岳麓书院得到重建，在丁善庆山长的带领下，倾尽全力去购买书籍，不少有识之士也给岳麓书院捐书，比如书院学生曾国荃捐赠了《王船山遗书》，一共270卷。到1868年（同治七年），岳麓书院的藏书已经达到14130卷。仅仅用了十余年时间，岳麓书院藏书数量就超过了乾隆年间。

非常可惜的是，清代的御书楼在1941年被日军飞机炸毁。在抗日战争期间，湖南大学本部至少遭到了三次大规模的日军飞机轰炸，第一次是1938年4月10日，日军出动27架飞机轰炸湖南大学，炸毁湖南大学图书馆，但岳麓书院几乎没有受损；第二次是1941年4月18日，日军出动七架飞机，对湖南大学进行更大范围的轰炸，岳麓书院的大门、赫曦台等建筑都受损了；第三次是1941年5月7日，日军出动九架飞机，再次轰炸湖南大学，御书楼、半学斋被炸塌，文庙大成殿也被炸，御书楼的古籍也被毁掉。

抗战结束之后，湖南大学在御书楼的旧址上两次建办公楼，虽然依旧叫御书楼，但跟之前的御书楼完全不同

御书楼屋顶宝剑

了。现在看到的御书楼是1986年重建的。很多人都对御书楼屋顶的两把剑很好奇，猜测它们可能有奇特的作用。其实，这两把宝剑是用来避雷的，就是避雷针，只不过因为是仿古建筑，所以设计成宝剑的式样。

现在御书楼依然用来藏书，只不过主要藏的是当代出版的书籍，只有少量的古籍，不过其中也有珍本。2014年，湖南省古籍保护中心与湖南省全国第一次可移动文物普查工作办公室在岳麓书院进行古籍普查过程中，发现元刻本《新编古今事文类聚》新集三十六卷、外集十五卷，这在湖南尚属首次发现。《事文类聚》是一部类书，南宋祝穆编成。岳麓书院所藏《事文类聚》是1326年（泰定三年）元代庐陵武溪书院刻本，共十五册，目录末镌有“泰定丙寅庐陵武溪书院新刊”字样，这是岳麓书院所藏最珍贵的古籍。

书院之所以会转变成教学、科研机构，有很多原因，其中唐末五代政治的剧变对文教事业的影响是重要原因。

唐玄宗时期，长达7年多的安史之乱让唐帝国由盛转衰。尽管唐朝之后还延续了100多年，但都没有办法重回盛世，读书人再也难以在都市中找到安静的读书之所。加上唐代统治者尊崇道教，认为隐居山林者往往是高人。于是，有人开始在山林隐居读书，在求得安心读书之所的同时，还可以博取名声，真是两全其美的好事。

他们一般都会选择风景秀丽的山林隐居读书，比如长安周边的中条山、终南山，以及风景秀丽的庐山、嵩山、衡山等。这些隐居在山林读书的有两种人，一种是藏书读书的人，他们往往都有自己的书房，有人仿照朝廷将藏书楼命名为书院的做法，将自己的书房也命名为某某书院，比如湖南衡阳石鼓书院的前身就是李宽中秀才书院，其实就是李宽中秀才的书房。还有一种是自己并没有书，但又需要读书获取知识的人。这两种读书人很快就产生了联系，联系的媒介就是书籍。藏书读书的人有藏书，他们先读了书，因此往往也有较高的文化水平，而自己没有书的读书人则会去找他们借书。有时候，借书读的人在还书时，会把自己读这本书的过程中遇到的问题或者产生的疑问，向藏书读书的人请教。在这一过程中，藏书读书的人慢慢发现不少来还书的人会问相同或相似的问题，他们之中有的人就会在自己以书院命名的书房中开始教学活动。这也就是说，在借书与还书的过程中，衍生出了教与育，即教学的关系。

原来单纯是读书、藏书的书院，因为有了老师、学生，并且开始了教学活动，就慢慢演变成像学校一样的机构了，也就是后世的具有学校性质的书院了，只不过这个过程是比较漫长的，并不是以某所书院的出现为标志的。一般来说，书院由读书、藏书之所向教学性质的书院转变是在唐末五代，并没有一个具体的年份。

如果没有书，就不会有藏书，更不会有书院；藏书是书院发展的重要支撑，如果没有藏书，书院的教学与学术研究就失去了基础。这从御书楼建在岳麓书院中轴线最高位置上，也可以看出藏书对于书院的重要性。

专祠

四箴亭和濂溪祠

从御书楼的门前，沿着走廊向左走，就来到了岳麓书院的专祠区。迈过门槛，就可以看到悬挂的“四箴（zhēn）亭”匾。

“箴”是劝告、规诫的意思。“四箴”是指北宋大学者程颐，也就是前面讲到的杨时、谢良佐、朱长文、靳裁之等人的老师之一，他曾经写过“视”“听”“言”“动”四箴。1526年（嘉靖五年），嘉靖皇帝写了“敬一箴”和序言，并且亲自注释了程颐的“四箴”，之后把这两篇文章都发给全国的学校，要求各学校刊刻在石碑上，作为学校的最高纲领执行。岳麓书院在1528年（嘉靖七年）得到了御制的“敬一箴”。次年，长沙知府潘镒在岳麓书院文庙的大成殿后面，大概就是现在明伦堂的位置，建敬一箴亭，在其中立有“敬一箴”和“四箴”石碑。1624年（天启四年），重修这座亭子，改

四箴亭外景

名为四箴亭，专门祭祀程颢、程颐。1818年（嘉庆二十三年）迁到现在这个位置，建筑一直保存到现在。

现在这里依然是祭祀程颢、程颐的地方。他们兄弟俩是洛阳人，既没有来过岳麓书院当过老师，又没有来岳麓书院讲过学。之所以祭祀他们，有两个方面的原因：一是因为他们兄弟俩是北宋理学的代表人物，其学问被朱熹等人继承，合起来称为“程朱理学”，“程”就是程颢、程颐，“朱”当然就是朱熹了。我们前面讲过，二程的学生谢良佐（也有人说是朱长文、靳裁之）把学问传给了胡安国，胡安国传给胡宏，胡宏传给了张栻，乾隆皇帝为此评价岳麓书院是“道南正脉”。因此，在岳麓书院祭祀二程，是尊崇学术的源头，四箴亭的二程像上方也有“圣学渊源”四个大字。

在四箴亭内墙壁上，还嵌着清代所刻程颐的“视”“听”“言”“动”四箴碑刻，是这里面重要的文物。

四箴亭的左边是濂溪祠，是祭祀周敦颐的。周敦颐（1017—1073），道州营道（今湖南道县）人。他出生时，岳麓书院已经创建超过40年了，不过他既没有来岳麓书院读过书，也没有来这里当过老师，甚至连来岳麓书院参观游览的记载都没有。岳麓书院之所以建濂溪祠，还是从学术渊源的角度来考虑的。对于大多数人来说，只知道周敦颐写过《爱莲说》，是个文学家，其实他写了《太极图说》《通书》等著作，提出了无极、太极、主静等理学的基本概念。这些概念被后世的理学家反复讨论和发挥，构成理学范畴体系中的重要内容，周敦颐被视为宋明理学的开山祖。我们前面讲过，程颢、程颐是程朱理学的重要代表人物，而他们都是周敦颐的学生，因此岳麓书院既然可以祭祀学生二程，那就更应该祭祀他们的老师周敦颐。

在岳麓书院文庙挂着一副对联，上联是“吾道南来，原是濂溪一脉”，下联是“大江东去，无非湘水余波”。相传是晚清大儒、湖南湘潭人王闿运到江浙一带游历讲学时所写。江浙地区历来人文鼎盛，对来自湖南的王闿运难免有些轻慢。有些人看到王闿运身材瘦小、其貌不扬，便打算给他个下马威。于是，在一次聚会上，有人就故意探问王闿运的学问师承。王闿运略加思索，便吟出了这副对联。当然也有人认为这副对联并不是王闿运所撰，因为他的著作《湘绮楼诗文集》并没有收录。上联的意思是：我的学问是南传学问的正统，源头是周敦颐。下联的意思是：长江经由湖南一路向东入海，都是从我们湘江流出来

四箴亭内景

的波涛，暗指江浙士人读的都是湖南人开创的理学圣贤书。尽管这副对联存在很多争议，但是彰显出了周敦颐作为理学开山祖的地位。

濂溪祠修建的年代比较晚。1812年（嘉庆十七年），当时的山长袁名曜提出岳麓书院是湖南学者的荟萃之地，而周敦颐也是湖南人，岳麓书院应该建专祠加以祭祀。于是，在崇道祠的右边，也就是现在的六君子堂的位置建濂溪祠。1820年（嘉庆二十五年），当时的湖南巡抚李尧栋认为把濂溪祠建在崇道祠的右边位置不对，应该建在崇道祠上面。于是，把濂溪祠迁到现在这个位置。

濂溪祠内的周敦颐像上方挂有“超然会太极”匾，这是清代车万育山长为了颂扬周敦颐“太极图说”理论而题写的。但是原匾已经不见了，现在的匾是后来补书的。

濂溪祠外景

濂

濂溪祠内景

于惟先生絕學是繼

崇道祠外景

崇道祠内景

崇道祠和六君子堂

崇道祠在濂溪祠的南面，里面陈列了朱熹、张栻的铜像。我们前面讲过，张栻是四川绵竹人，以诸葛亮为偶像，他连穿着打扮都仿照诸葛亮。因此，铜像中手拿羽毛扇的就是张栻像，另一个就是朱熹像了。

岳麓书院祭祀朱熹、张栻两人是从1314年（延祐元年）开始的，原来在讲堂的左边建有诸贤祠，祭祀的对象就有朱熹、张栻两人，但是并不是专门祭祀他们的专祠。1494年（弘治七年），重建岳麓书院时，在讲堂后面建崇道祠。

清代康熙年间，为了重建御书楼，就把崇道祠拆掉了，朱熹、张栻被放到了四箴亭中祭祀。到1776年（乾隆四十一年）才在现在这个位置重建崇道祠。1868年（同治七年）进行重建，现存的建筑即是同治年间的。

在朱熹、张栻像的上方挂有“斯文正脉”。“正脉”

前面已经讲过了，是正宗、正统的意思。“斯文”两个字中，“斯”是这里的意思，“文”是礼乐制度的意思，“斯文”连起来就是指这里的礼乐制度，也可以理解为岳麓书院学术传统。因此，“斯文正脉”表明朱熹、张栻研究的理学是岳麓书院学术的正脉、正统，用以表彰朱熹、张栻对于岳麓书院的突出贡献。朱张会讲是湖南乃至全国书院史和学术发展史上里程碑式的大事，是不同学术流派在书院开展学术交流的典范。此后，岳麓书院再次声名鹊起，与白鹿洞书院、丽泽书院、象山精舍一起并称为“南宋四大书院”。朱熹、张栻成为岳麓书院的百世之师，不仅影响了书院数百年的办学，而且通过岳麓书院影响了湖湘文化数百年的发展。

在朱熹、张栻像背后的诗句，是朱熹写的《二诗奉酬敬夫赠言并以为别其一》，主要内容是描写自己从福建来湖南与张栻讨论学术，然后张栻陪他游南岳，继续讨论学术问题，以及分别时依依不舍的情景。

六君子堂在崇道祠的右边，这里祭祀的是六个对岳麓书院建设和发展有功的人物。其中，北宋有三个，他们是创建岳麓书院的潭州太守朱洞、北宋初年扩建岳麓书院的潭州太守李允则和受到宋真宗亲自召见的著名山长周式；

六君子堂外景

六君子堂内景

南宋有一个，就是重建岳麓书院的湖南安抚使刘珙；明朝有两个，他们是长沙通判陈钢和长沙府同知杨茂元。这里主要补充讲一下前面没有太多涉及的李允则、刘珙、陈钢和杨茂元四个人。

李允则跟朱洞的职位是一样，也是潭州太守。他到任之后，发现岳麓书院因为失去了朱洞这样的地方官的支持，出现学生流失、房舍倒塌的局面，甚至面临着停办的危险，他非常着急，决心全力支持岳麓书院的发展。李允则主要为岳麓书院做了下面几件事：第一是为岳麓书院重新收集图书，并且新建书楼藏书，开启了岳麓书院的藏书制度；第二是扩建岳麓书院，在书院的中心位置扩建讲堂，以讲堂为中心的这一建筑布局特点一直沿用到现在；第三是扩建礼殿，塑了圣贤像，为岳麓书院后世的祭祀传统奠定了基础。李允则为岳麓书院的教学、藏书和祭祀奠定了基础，开创了岳麓书院办学的新局面，

南宋文学家王禹偁看到李允则修复后的岳麓书院，给予高度评价："谁谓潇湘？兹为洙泗。谁谓荆蛮，兹为邹鲁。"这里的"潇湘"是指湖南，"荆蛮"是指湖南是蛮荒之地。"洙泗"是指山东的洙水和泗水。孔子曾经在洙水和泗水之间招收学生讲学，后人就用"洙泗"来指代孔

子和儒家。由于孟子出生在邹国，就是现在的山东邹城。孔子出生在鲁国，就是现在的山东泗水县，后来便用“邹鲁”指代文化昌盛之地、礼仪之邦。这几句话的意思是：“这哪里是湖南啊，不就是孔子的老家吗？！这哪里是荆楚蛮荒之地啊，不就是礼仪之邦吗？”这是赞扬岳麓书院的办学成效，使湖南变成了南方的儒家圣地、礼仪之邦。岳麓书院能得到如此高的评价，与李允则的全力修复、扩建是密不可分的。

我们前面讲过刘珙，他的叔叔刘子翚是著名学者，他与朱熹师出同门，而且还情同手足。岳麓书院在1132年（绍兴二年）被毁后，一直没有修复。刘珙到湖南任安抚使后，着手修复岳麓书院，1166年完工，岳麓书院中断34年后得以恢复办学。岳麓书院修复之后，张栻来参观后写了一篇《岳麓书院记》，高度评价修复后的岳麓书院。他说自己非常喜欢这个地方的山山水水和修复后的建筑，都不想离开了，认为这个地方是最适合讲学、办学的。刘珙就把张栻聘为岳麓书院的主教。正是在张栻等人的努力下，使岳麓书院在南宋实现了由教学为主的书院向教学和研究并重的书院的转变，有点类似于我们现在说的从以教学为主的大学转变成研究型大学。因此，重建岳麓书院、聘张栻为主教，是刘珙能被列入六君子堂的重要原因。

明代的陈钢和杨茂元也被列入六君子堂。岳麓书院毁于1368年，几乎荡然无存，之后一百多年没有办学。到1494年，陈钢担任长沙府通判，大概相当于我们现在的副市长。因为他监修长沙的吉王府有功，吉王要奖励他一大笔银子。可是，陈钢说自己不要银子，只想要修王府剩下来的建筑材料，拿去重建岳麓书院。他的这个请求得到吉王的同意。这一年的七月，重建岳麓书院的工程正式开工，第二年基本完工。很可惜的是，岳麓书院的重建工作还没有最后完工，也还没有恢复办学，陈钢就去世了。

在这种局面下，他的好朋友杨茂元站了出来。杨茂元原来是湖广副使，相当于一个省的副省长，后来被降级到长沙府担任同知，大概相当于现在长沙市的常务副市长。他跟陈钢是好朋友，对于陈钢重建岳麓书院的善举非常赞赏。陈钢去世之后，他毅然接过了重建岳麓书院的重任。在陈钢的基础上继续扩建岳麓书院，为书院增加学田和购买图书，使岳麓书院基本恢复到原有的规模，终于具备了重新办学的条件。之后，他又亲自为岳麓书院选聘山长，使岳麓书院终于结束了一百多年的荒芜局面，又慢慢兴盛起来。可以说，陈钢和杨茂元两人对明代岳麓书院有再造之功，被列入六君子堂是情理之必然。

六君子堂始建于1526年（嘉靖五年），当时在文庙后面。1820年（嘉庆二十五年）濂溪祠迁走之后，六君子堂就迁到现在这里。现在的建筑是1868年（同治七年）重建的，跟崇道祠修建的年代是一样的。

慎斋祠

在岳麓书院专祠区，与崇道祠相对的是慎斋祠。慎斋祠是祭祀罗典山长的，因为他号慎斋，所以称为“慎斋祠”，也称为“罗夫子祠”。罗典之所以有这么高的地位，不仅与他在岳麓书院担任山长长达27年有关，更重要的是他为岳麓书院的发展做出了巨大贡献。

罗典（1718—1808），字徽五，号慎斋，湘潭县人。1747年（乾隆十二年）丁卯科湖南乡试第一名，1751年（乾隆十六年）辛未科中进士，累官至鸿胪寺少卿，是个四品官员，大概相当于我们现在的正厅级干部。乾隆皇帝曾在热河行营接见罗典，对群臣称赞说：“罗典是正经老实人。”

1777年（乾隆四十二年）起，担任常德郎江书院山长五年。1782年（乾隆四十七年）至1808年（嘉庆十三年），五次被延聘，担任岳麓书院山长27年，因办学“著

慎斋祠外景

有成效”，先后被朝廷表扬四次，吏部奖励八次。

罗典是一个懂教育、有学问的官员。他64岁时始任岳麓书院山长，以“造士育才”为本，始终“训诲不倦”。他认为培养人才的标准，不能只看文章的好坏，还要看其是否有坚定的德性。因此，他在教学中紧紧地抓住了“坚定德性，明习时务”八个字，并且把这一思想贯彻在书院的日常管理之中。1784年（乾隆四十九年）十一月，“性灵派”诗人袁枚从广东来湖南，游览完岳麓山以后，特地到书院拜访罗典。但是罗典认为袁枚品行不端、恃才放旷，闭门不见。等袁枚走后，他还郑重其事地吩咐书院工作人员和学生，将袁枚在书院站过的地方用水冲洗一遍。

1798年（嘉庆三年），湖南举行戊午科乡试，有多名岳麓书院学生参加，来自湘阴县的学生彭珴即是其中之一。考试结束后，彭珴将在考场写的八股文章默写出来呈送给罗典看。罗典看了之后赞不绝口，认为彭峨在这次乡试中绝对可以考中举人，说不定还能名列前茅。可是等到公布名单那天，满怀期待的彭珴发现自己不但没有像罗典说的名列前茅，反而名落孙山。后来彭珴发现自己的试卷被益阳考生傅晋贤换掉了，傅晋贤冒用他的试卷居然考了第一名解元。湖南巡抚姜晟想把这件事瞒过去，但遭到了罗典的坚决反对。罗典给姜晟写信，要求他严查，表示如果湖南巡抚不查清楚，他就把这件事直接告到朝廷去。在罗典的巨大压力下，姜晟只得开展调查，最终查清了这起舞弊案的案情。

原来是在考试前，考生傅晋贤用1200两银子贿赂了考场工作人员樊顺承和罗秀文。罗秀文从已经取中的考卷中挑选出一份，也就是岳麓书院学生彭珴的试卷交给樊顺承。拿到这份考卷之后，樊顺承借口生病了，要到考场外面去看病，得到批准后，他将这份考卷带出考场，交给在外面等候的傅晋贤。傅晋贤立即找了一份空白试卷，将彭珴的试卷重新誊写一遍，然后把原来那份试卷卷面割下来，移到自己傅晋贤的名下。这样，彭珴的试卷就变成了傅晋贤的。试卷处理完之后，樊顺成将考卷藏在身上，再次进入考场。通过樊顺承、罗秀文的不法手段，傅晋贤不但顺利中举，而且还名列第一，为解元。案情查清以后，清廷的最后判决结果是：樊顺承处以斩立决，也就是砍头；傅晋贤、罗秀文处以绞立决，也就是吊死；其余的相关人员发配到黑龙江为奴；彭峨则补录为举人。

这是湖南科举史上最严重的一桩舞弊案，如果没有罗典的坚持，可能会得不到真相。由此我们也可以看到罗典不畏惧强权、坚持正义的道德品质，他的这一做法也提升了岳麓书院的形象，为岳麓书院学生树立了榜样。

罗典是著名的经学家，他一边讲学授徒，一边著书立说，把教学和学术紧密结合起来。《剑桥中国晚清史》对罗典有高度评价：“从乾隆末年起到整个十九世纪四十年代止，岳麓书院的领导都是一些有坚实的政府工作经验的人。罗典（1718—1808）做过御史，并且是一位特别有成就的学政。他是著名的八股文训练专家，本质上是一位使用标准的汉学考据技巧以追求经籍真理的人。”在罗典培养的数千名弟子中，发名成业者达数百人，其中举人187人、进士36人。1805年（嘉庆十年），弟子彭浚高中状元，为岳麓书院有史以来第二个状元。汤鹏、胡达源、贺长龄、贺熙龄、袁名曜、严如熤、唐鉴、汤鹏、邓显鹤、何凌汉、罗绕典、欧阳厚均等都师从罗典，他们在不同的领域为国家、社会贡献了自己的力量。

在担任岳麓书院山长期间，罗典节衣缩食，把自己的薪水节省下来，用于增建书院的亭院，如前台（后改名赫曦台）、魁星楼、红叶亭（后改名爱晚亭）等，使岳麓书院的规模显著扩大。罗典还非常重视书院的园林建设，在书院周围的空坪隙地栽花种竹，凿池养鱼，把书院环境建

慎斋祠内景

设装饰得更加美丽宜人。当时的许多文人学士对此十分赞赏，并把其中八个佳胜之处称为“岳麓八景”，即柳塘烟晓、桃坞烘霞、风荷晚香、桐荫别径、碧沼观鱼、花墩坐月、竹林冬翠、曲涧鸣泉。他还把书院前台后面纵横百十丈的隙地开辟为桃李坪。岳麓八景和桃李坪都成为罗典实施其“陶泳其天趣”教学方法的第二课堂。

1808年（嘉庆十三年），罗典病逝于岳麓书院山长任上，享年90岁。因其对岳麓书院有巨大的贡献，书院建专祠奉祀。有学者称其“在岳麓书院史上是一个具有符号意义的教育家”。

慎斋祠是清朝嘉庆年间建的。原来里面还有宋代、明代和清代一些山长的牌位。重新布置之后，只展出罗典山长一人的画像，以他来代表书院的山长群体，这样与慎斋祠的名称更显一致了。

船山祠

慎斋祠左边是船山祠，是祭祀王夫之的。王夫之（1619—1692），字而农。因为王夫之晚年在衡阳县石船山下的湘西草堂隐居，潜心著述，学者尊称他为“船山先生”。王夫之自幼就聪明过人，14岁考取秀才，如果按照我们之前引用利玛窦的观点，他相当于14岁就大学毕业拿到学士学位。

1638年（崇祯十一年），19岁的王夫之成为岳麓书院学生，他在岳麓书院期间师从吴道行山长。吴道行山长是明代岳麓书院最后一任山长，也是当时的大学者，讲学以朱张之学为宗旨，同时推崇东林书院学者忧国忧民的风节，这对王夫之的影响很大。1644年（崇祯十七年）四月，崇祯皇帝在北京煤山上吊自杀，明朝灭亡。吴道行听到后非常伤心，他到长沙吉王府设置的灵堂悼念崇祯皇帝，在灵堂前放声痛哭，直哭到吐血，被抬回岳麓书院。

船山祠外景

他发誓与明朝共存亡，后绝食而死，真正表现出了他对明王朝的忠诚，以及坚持正学的风节。

明朝灭亡之后，清兵入关，王夫之与老师吴道行一样，没有逃避，更没有选择跟清朝合作，而是在衡山揭竿而起，拉起一支军队，阻击清军南下。在反清复明完全没有了希望之后，他仍坚决拒绝与清朝合作，隐居瑶族山洞中，过着极为艰苦的生活，并发奋著书立说。

王夫之博学多才，著作超过100种，涉及历史、哲学、政治、伦理、文学、教育等各个领域。他在很多方面都达到了该领域的最高水平，成为一个百科全书式的批判继承者、总结者、终结者，被人称为“南国儒林第一人”。由岳麓书社出版的《船山全书》，有1100多万字。1985年，美国哲学社会科学界评出古今八大哲学家，其中有四位是唯物主义哲学家，他们依次是：德谟克利特、王夫之、费尔巴哈、马克思，王夫之名列第二。从学术成就和影响来说，王夫之肯定是岳麓书院千年发展史上最厉害的学生，迄今为止也没有人能超过他。因此，无论从他的风节，还是从学问角度而言，设专祠祭祀他，都是实至名归的。

在王夫之像的两边有一副自题联：“六经责我开生

船山祠内景

面，七尺从天乞活埋。”这清楚地表达出了他的志向和理想。上联“六经责我开生面”中的“六经”是指的《诗》《书》《礼》《易》《乐》《春秋》的合称，是经孔子整理而传授的六部经书，这里用来指代儒家文化、中华传统文化。“责”是要求做成某件事的意思，“生面”在这里是指新的境界和形式。上联可以理解为自己要致力于儒家文化、中华传统文化的研究，一定要有新的成果，使数千年中华传统文化达到新的境界，实现整体超越。因此，上联充分表现出王夫之弘扬中华传统文化的文化责任感和历史使命感。

下联“七尺从天乞活埋”中，“七尺”就是七尺男儿，在这里是指他自己。“天”一般是指朝廷。明朝灭亡之后，王夫之确实心灰意冷。“乞活埋”的字面意思就是去隐居，实际是不与清朝合作。这句话的意思是：本来明朝灭亡了，作为一个堂堂七尺男儿应该像老师、岳麓书院山长吴道行一样，跟明朝共存亡，但是自己创新中华传统文化的志向还没有实现，先容我隐居一段时间吧。这副对联清楚地把他的风节和学问表现出来了。

与岳麓书院创建的时间比，船山祠设立的时间是比较晚的，它是1875年（光绪元年）才修建的，到现在也只有

100多年。不过，岳麓书院列专祠祭祀自己的学生，是要充分发挥榜样的力量，以改善和提升岳麓书院的学风。

清代岳麓书院的学子也非常推崇师兄王夫之，尤其是曾国藩，对王夫之崇拜之至。曾国藩在1861年（咸丰十一年）即打下安庆的第二年就开始捐资刊刻王夫之的著作。1864年（同治三年）攻克南京以后，他又设金陵书局，其最重要的工作就是刊刻《王船山遗书》。不仅如此，曾国藩还亲自上阵充当校对工作人员，校对了270卷中的117卷，全书超过三分之一都是身为两江总督曾国藩亲自校对的。曾国藩在为《王船山遗书》写的序言中，对王夫之的评价非常之高。

在王夫之像的两边柱子上，悬挂着一副对联，是岳麓书院学生、中国第一任驻外公使郭嵩焘写的，上联是“笺疏训诂，六经于易犹尊，阐羲文周孔之道，汉宋诸儒齐退听”；下联是“节义词章，终身以道为准，继濂洛关闽而起，元明两代一先生”。对联中的“濂”是指周敦颐的学问；“洛”是指程颢、程颐的学问，前面讲到在四箴亭祭祀他们，他们是洛阳人，所以他们的学问称“洛学”；“关”是指张载的学问，因为他在关中讲学，所以他的学问称“关学”；“闽”是指朱熹在福建创立书院讲学，所以他的学问称“闽学”。周敦颐、二程、张载和朱熹都是宋代的大学问家。上联的大概意思是：王夫之阐述、注释经典时最专注于六经，善于吸取伏羲、周文王、周公、孔子等圣人的思想精华，就连汉代和宋代的大学者在他面前也只有洗耳恭听的份了。下联的大概意思是：王夫之终身都以理学思想为标准，他是继周敦颐的濂学、二程的洛学、张载的关学、朱熹的闽学之后，元明两代自成体系的一代学术大师。应该说，郭嵩焘的这副对联是对师兄王夫之学问的高度评价。

一般认为，一所学校办学水平的高低和声誉的好坏，最重要评价指标是其培养的学生的水平。岳麓书院的“惟楚有材，于斯为盛”之所以能闻名天下，是因为它确实培养了太多有真才实学的人才，不要说有深受王夫之影响的曾国藩、左宗棠、郭嵩焘等人，只要有一个王夫之，我想都足以让这座千年庭院熠熠生辉、光耀千秋了。

百泉轩

百泉轩在讲堂右边。因为地处岳麓山清风峡谷口，有很多泉水，故取名百泉轩。“百泉”只是形容泉水多，并不是真有一百眼泉水。这里原来是山长接待学者并进行交流的场所，也是山长居住的地方。

山长是书院真正的老师，其他人只是助教，只能协助教学，不能讲学授徒。岳麓书院的学生人数并不多，到清代嘉庆年间也只有138人。与我们现在的学校整天都在上课不同，书院只是每天早上在讲堂开讲，山长每天拿出经书的一段或者一句来认真讲解，学生专心听讲。学生如果有疑问，可以随时向老师请教，并反复讨论。这种学习方式跟我们的研究生上课方式差不多，既可以讲授，也可以研讨，目的是充分激发学生的学习兴趣。为鼓励学生提问，岳麓书院还规定，学生有疑问一定要提出来，如果山长实在无法回答，就先把问题记录下来，等到以后有外院的学者来，再向他们请教。这种研讨课，一般是一个时辰，也就是两个小时左右，大概相当于我们现在三节课的时间。

除上课之外，岳麓书院的学生平时要在斋舍中自习，不能随便出入书院。书院要求学生自习时要做记录，编成功课簿，相当于学习记录本。记录的内容有明确的规定，要求学生将每天清晨、午间和晚上的学习情况逐一记录，比如要记录什么时间段读了什么书，是从书本的哪一段读到哪一段；要记读了哪几首诗，诗歌标题是什么；要记自己练习书法的情况，临了什么帖，写了多少字；要记学习过程中的疑问等。每隔一段时间，山长或者协助山长的工作人员就要检查功课簿，如果有学生不据实填写、随便捏造，轻则受罚，重则要被开除。

为了检查他们的学习效果，岳麓书院每月有两次或三次考试，被称为月课。大概就是十天考一次，每次考试时间为一整天。一般来说，一次由山长主持考试，被称为师课；两次或一次由长沙府和湖南巡抚衙门的官员主持，被称为官课。每次考试都需要写几篇文章，基本是由山长阅卷，然后评出等级。山长或者主考的地方官员会奖励成绩优秀者。除了月课，书院还有季课，即每个季度举行一次考试。

百泉轩外景

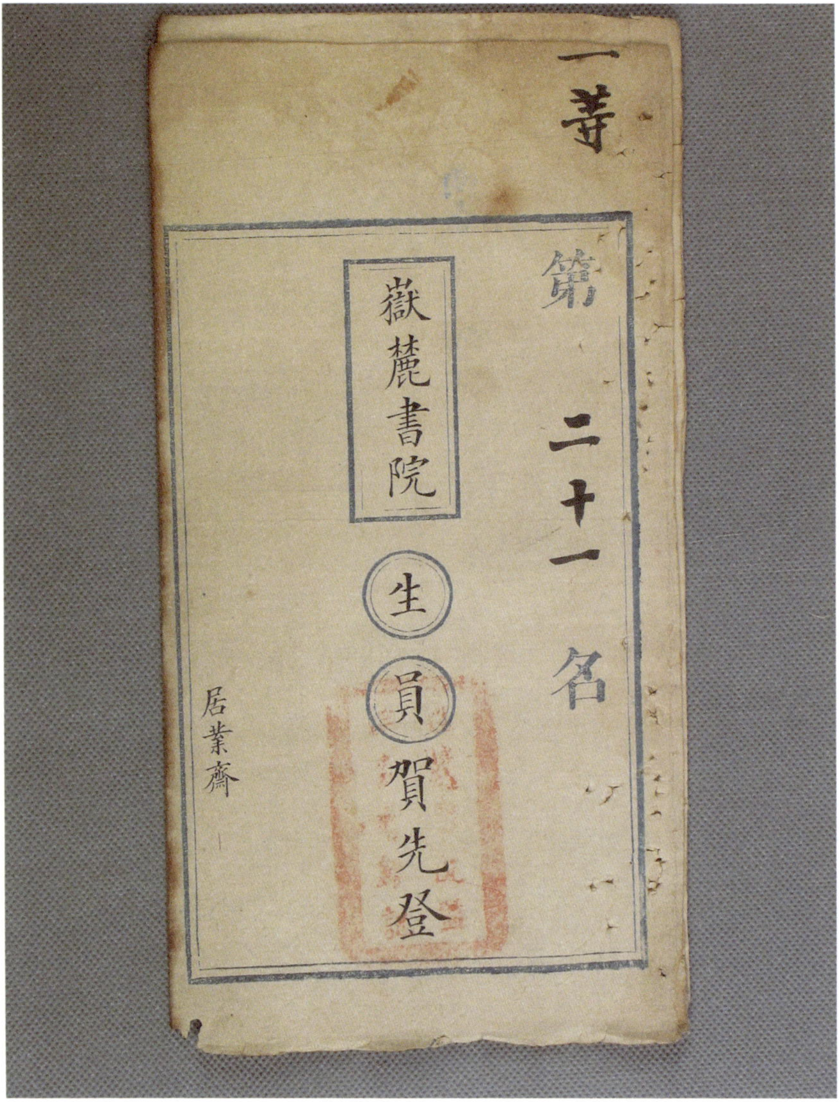

岳麓书院生员贺先登课卷

由于古代没有星期的概念，因此没有周末休息时间。按照乾隆年间岳麓书院章程的规定，学生每月可以休息两天，但是必须请假。尽管有这么严厉的规定，但我还是看到过有学生出去玩的记载，是不是私自外出，我没办法确定，但能肯定的是有学生出去玩。曾国藩的好朋友欧阳兆熊也是岳麓书院的学生，在他写的《水窗春呓》一书中，记载了道光初年他与一个叫徐海宗的秀才都在岳麓书院读书。他说徐海宗的骈体文写得很好，是个高手。他们俩经常过湘江到长沙城内去玩，当时徐海宗还跟一个叫云香的姑娘谈恋爱。云香是湖南益阳人，住在长沙。其间，云香回了老家，很久都没有再来长沙，后来才知道她已经死在益阳老家了。为此，徐海宗非常伤心，专门为她写了一副挽联，很长，有250个字，写得情真意切。从欧阳兆熊的这一记载来看，岳麓书院学生外出游玩的时间还不少，这可能与晚清时期岳麓书院的管理有所松懈相关。

尽管山长不需要上太多的课，但除了需要负责书院的行政工作，他还需要检查学生的功课簿、回答学生的疑问、出考试题目和评阅试卷等，这些工作大多数需要在百泉轩完成。因此，百泉轩既是山长的住所，也是他的办公室。

岳麓书院对山长是非常尊重的，一方面尽可能为山长提供好的工作条件，把风景秀丽的百泉轩作为山长的居住和办公场所就是直接体现；另一方面，山长的工资待遇也非常不错。记载山长工资收入的文献并不是很多，我们以1802年（嘉庆七年）为例，这一年，岳麓书院山长的工资按11个月算，每月白银40两，共计440两。除此之外，还有春节、端午和中秋三个节日以及山长的生日，共计送礼40两；发放差旅费12两，置办生活用品费20两。这几项加起来，实际每年发给山长的是512两。如果按照之前讲到的，每两银子大概相当于390元人民币来计算，山长每年能拿20多万元。由于山长的吃住全由岳麓书院承担，因此这512两是纯收入。

除了山长，岳麓书院的领导还有监院，他不承担教学任务，主要负责书院的日常行政工作，并且监督学生。监院只有一个，工资是36两银子，折合成人民币大概只有1.4万元，只有山长收入的十五分之一，这进一步说明书院山长待遇的优厚。

百泉轩建成于宋代，后来屡有修建。1819年（嘉庆二十四年）改名为半学斋。岳麓书院改为湖南高等学堂以后，这个地方改为教学、生活用房。抗日战争期间，建筑

百泉轩内景

被炸毁了。现在的百泉轩是1984年重建的。

百泉轩正中央挂了“斯文一派”匾，意思是这里的学术传统、文化自成体系，以说明住在这里的是有崇高学术声望和影响的山长。

中国书院博物馆

从百泉轩出发，穿过教学斋后面的草坪，就来到了中国书院博物馆（以下简称“博物馆”）。博物馆是由中央机构编制委员会于2002年批准建立的，以岳麓书院原状陈列为依托建立的专题博物馆。馆舍主体建筑于2011年竣工，2012年完成陈列设计施工，于当年的6月14日正式对外开放。这是湖南省首家经中央机构编制委员会批准的专题博物馆。

记得是2008年6月，我突然被岳麓书院领导安排承担博物馆陈列大纲的撰写工作。虽然从来没有接触过博物馆陈列，但当时觉得这项工作总要有人来做，并没有认真考虑完成这一项目的艰难程度，就一口应允下来。之后，我花了将近一个月的时间去北京、上海、江苏、浙江等博物馆比较发达的地区参观、调研，并向博物馆同行请教如何撰写陈列大纲，如何跟设计公司沟通，如何把书院这种专题内容更好地在博物馆陈列中呈现出来。

万事开头难。参观、调研结束后，在比较全面掌握了岳麓书院库房文物情况的基础上，我着手撰写陈列大纲。记得完成博物馆陈列大纲第一稿后，请专家指导，他们的评价是："这是一本书稿，根本谈不上是博物馆的陈列大纲。"也就是说，陈列大纲第一稿完全不符合要求，被专家全盘否定了。

尽管如此，我没有气馁，既然已经接受了这一项任务，就必须尽可能完成好，于是我开始自学博物馆专业的知识，并且虚心向博物馆陈列的专业人士请教，重新撰写陈列大纲。之后，通过三次送审，又根据送审专家的意见进行了三次大的修改后，博物馆陈列大纲终于在2010年7月定稿了。

在撰写、修改陈列大纲的过程中，我渐渐地认识到博物馆陈列一定要考虑观众感受和参观时限等因素，陈列大纲的文字一定要简明扼要。正是基于这样的认识，后来在陈列大纲的基础上撰写博物馆展板文字时，我极力控制字数，没有哪一块展板字数超过了100字，这意味着参观者在几十秒之内就可以看完每块展板文字。

后来我发现，撰写陈列大纲和展陈脚本只是这项工作的一部分，更多的时间和精力是与设计公司对接、沟通，一起探讨如何结合书院这一主题和展出文物来进行设计，

中国书院博物馆外景

在这些方面花费的时间和精力远远超出之前的想象。

尤其是一件意想不到的事情，让博物馆陈列布展工作越发困难重重。2011年7月，正是博物馆陈列布展施工的关键期，负责陈列设计施工公司的法人代表突然遭遇意外在广州身亡，不但施工团队的工资、相关材料的采购全部停止，而且这位法人代表自己就是知名画家，他为博物馆陈列专门创作的几幅大型壁画都没有完成，陈列布展工作全部陷入停顿。

为了让博物馆陈列工作继续下去，在得到岳麓书院领导的批准以后，我主动去广州找陈列设计施工公司的母公司进行对接，请求他们考虑到我们是高校建设博物馆的特殊情况，希望能予以特别支持。在多方的共同努力下，陈列施工终于得以恢复，但陈列效果还是打了折扣。比如，现在大家去博物馆参观，能看到序厅的墙壁上有一幅大型的瓷砖烧制壁画，壁画呈现的内容是书院从私人读书、讲学之所到教学机构的转变过程。这幅壁画底稿是那位法人代表还没有来得及仔细修改、润色的一幅遗作，从展陈效果来说，根本谈不上完美。但是，在当时的情况下，如果不用这幅遗作，序厅的陈列就不完整，我们只能把这一幅画烧制成瓷板画陈列在序厅。

此外，当时岳麓书院建设博物馆经费有限，用于陈列布展的经费远远低于大多数公立博物馆。有一件事让我印象深刻，博物馆开馆之前，当时有人提议，请某某著名的书法家题写馆名，我们托人去联系，结果对方经纪人回复，润笔为百万元，这对于一个陈列布展费用仅有千余万元的专题博物馆来说，简直是天文数字，此事只好作罢。

在百般无奈之时，我突然灵光一现，想到了一个不要钱的办法，就是集古代名人的字来做馆名。通过跟同事们商量，最终决定集朱熹的字。因为朱熹创建了四所书院，修复、讲学的书院20多所，对南宋书院的发展有巨大的贡献，在中国书院史上有独特的地位。更重要的是，朱熹与岳麓书院有特殊关系，他曾经于1167年和1194年两次来岳麓书院讲学，以岳麓书院为依托建书院博物馆，馆名集朱熹的字是再合适不过的了。

于是，我请美工老师去找朱熹的字，结果在朱熹的字帖中只找到了“中”“国”“书”“院”“物”五个字，而“博”和“馆”两个字没有找到。我告诉美工老师，看能不能从朱熹的字帖中找这两个字的偏旁，然后合成。几天之后，美工老师高兴地告诉我，她找到了这两个字的偏旁，而且用技术手段把两个字合成好了。这样，“中国书

中国书院博物馆内景

依
風聲雨聲讀書聲聲聲入耳

院博物馆”七个字不但没有花一分钱，而且还是用朱熹这位理学集大成者的字，有意义，有故事。您现在去参观中国书院博物馆，能看得出“博”字和“馆”字是合成的吗?

一般来说，博物馆陈列展览每十年左右要换展一次，中国书院博物馆开馆已经超过10年了，应该也快要换展了，这就意味着我花了几年时间做的博物馆陈列将要成为历史了。

不过，现在回忆起做博物馆陈列的点点滴滴，既有酸甜苦辣，又有意想不到的收获。最大的收获是在2013年，我去南京参加正在筹建的“南京中国科举博物馆陈列内容方案”的专家评审会，与会专家们对原有的方案持否定态度，南京市有关领导决定重新请课题组撰写陈列大纲。因为我是做过博物馆陈列的科举研究者，被专家们一致推荐为“南京中国科举博物馆”陈列内容的主持人，正式参与南京中国科举博物馆的陈列工作。我经常在想，如果我没有做过中国书院博物馆的陈列工作，或者不是长期从事科举研究，更重要的是如果我不是当时全国唯一一个做过博物馆陈列工作的科举研究者，恐怕就无缘南京中国科举博物馆陈列内容的工作。通过两年多的努力，我不仅完成了南京中国科举博物馆陈列大纲的设计，而且在大纲的基础上完成了陈列脚本的撰写工作。之后，又不断往返长沙与南京，深度参与南京中国科举博物馆的陈列布展工作，直至2017年正月初一正式开馆。

南京中国科举博物馆开馆后第二年，荣获“第十五届（2017年度）全国十大陈列展览精品推介”精品奖。2020年，南京中国科举博物馆开馆还没有满四年，就成为江苏省最“年轻”的国家一级博物馆。我作为陈列内容的主要参与者，与有荣焉。

在厦门大学攻读博士学位期间，我以书院和科举的关系为研究对象，完成了博士论文《书院与科举关系研究》，并顺利通过论文答辩。完全没有意料到，后来我参与做的两个博物馆都与博士论文内容直接相关，一个是全国唯一由中央编制办批复建设的中国书院博物馆，一个是全国以科举为专题的首家国家一级博物馆——南京中国科举博物馆。尽管我现在已经不在中国书院博物馆依托建设单位岳麓书院工作了，也与南京中国科举博物馆没有任何实质性的关系，但是它们都成为了我人生中最美好的记忆。

中国书院博物馆入口

爱晚亭

从岳麓书院后门出来，就可以看到爱晚亭。1792年（乾隆五十七年），岳麓书院山长罗典在岳麓山清风峡建了一个亭子，取名红叶亭。后来湖广总督毕沅来岳麓山，觉得红叶亭这个名字有点俗，文化味道不浓，就根据杜牧的《山行》中“停车坐爱枫林晚”一句，将其改名为爱晚亭。当然，还有一种说法，提议改为爱晚亭的是来参观过岳麓书院的袁枚。

爱晚亭亭柱上原来挂有罗典所撰对联，上联是“忽讶艳红输，五百夭桃新种得”，下联是“好将丛翠点，一双驯鹤待笼来”。欧阳厚均担任书院山长时，又题写了一副对联，上联是“红雨径中，记侍扶鸠会此地”，下联是“白云深处，欲招驯鹤待何年”。1911年（宣统三年），岳麓书院已经改制为湖南高等学堂，监督程颂万主持修缮爱晚亭时，将罗典对联的上联改为“山径晚红舒，五百夭桃新种得”，下联改为“峡云深翠滴，一双驯鹤待笼来”，现在爱晚亭东侧正面亭柱上刻的就是这一副对联。

爱晚亭

亭柱对联

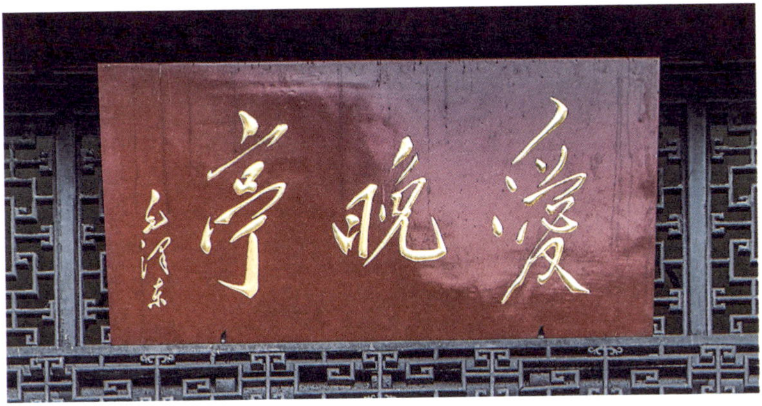

"爱晚亭"匾

后来爱晚亭因年久失修，梁柱倾斜，周围杂草丛生。除了湖南大学的学习斋（现在学习斋已经拆掉，改建为岳麓书院内的屈子祠）旁有一条小路可以到达以外，没有其他路可以上去。

为了方便群众瞻仰毛泽东早期革命活动的地方，湖南大学校长李达向湖南省政府建议重修爱晚亭。省政府同意拨款法币一亿元（折合现在人民币约一万元），委托湖南大学负责重修。重修工程由湖南大学蔺传新教授设计，魏永煇教授领导施工。为了美化爱晚亭周围环境，将原来建于爱晚亭周围的教工宿舍拆除，另外建房屋安置，并从湖南大学和平斋前修一条公路直达爱晚亭。又将爱晚亭前的溪水按地势修建三座水塘，塘水清澈，与名亭相映照，并且用水管把池塘的水引至校内，成为当时湖南大学数千师生的饮用水。

现在“爱晚亭”匾，就是根据毛主席亲笔手书亭名制成的，亭内还悬挂有《沁园春·长沙》匾额，是毛主席手迹。爱晚亭为八柱重檐古亭，四角重檐攒尖顶，覆绿色琉璃瓦，亭角飞翘。爱晚亭与建于宋代的安徽滁州醉翁亭、建于明代的杭州西湖湖心亭、建于清代的北京陶然亭并称为“中国四大名亭”。

写在后面的话

这几年，我发现来岳麓书院参观的人越来越多了，其中老年人和带着孩子来的父母占了相当大的比例。每次陪朋友们参观岳麓书院，我一般会边走边聊两个小时左右，这一过程中总有老年游客从头听到尾，而且他们会越挨越近，有时还会提问，比我陪的朋友都听得更认真、更投入，有时会让朋友们都觉得有些许尴尬。与老年人的认真与投入不同的是，很多带着孩子的父母则会不断把孩子往我身边推，希望孩子听得更清楚、更仔细。无论是老年人，还是带着孩子的父母，我从他们的眼神中，都能感受到希望多了解岳麓书院的历史与文化的渴望。

尽管之前为让来参观的人更多地了解岳麓书院的历史与文化，我也做了点小事，比如与儿子阿犇采用边走边聊的形式写过一本介绍岳麓书院的小书，也在岳麓书院现场拍过短视频等，但似乎都没有达到自己期望的效果。

这次我们试图用通俗的文字，沿着参观者的路线，以岳麓书院的建筑为载体，来介绍岳麓书院的历史与文化。为使朋友们对文字描述的岳麓书院有更直观的认识，或者让曾经来参观过的朋友有故地重游之感，我们请湖南大学建筑学院的胡骉老师为本书实地拍摄了多幅照片，在此对胡骉老师的辛勤付出表示衷心的感谢。

九芝堂股份有限公司的雷衍飞先生长期致力于湖湘文化的传承与发展，此项目得到了他和九芝堂同仁的大力支持，在此表示诚挚的谢意。

感谢岳麓书社的编辑许静老师、丁利老师为本书润色、编辑付出的诸多努力。

这本书是适合参观者全面了解岳麓书院的读物，真心希望朋友们花两三个小时，通过翻阅这本小书，对岳麓书院的历史与文化有一些了解，或者让曾经来参观过岳麓书院的朋友对这座古老的千年庭院有更深入的认识。

李兵

2024年1月28日

图书在版编目(CIP)数据

如临其境:游千年学府岳麓书院/李兵,钱哲昕编著;胡骉摄影. --长沙:岳麓书社,2024. 9. --ISBN 978-7-5538-2130-6

Ⅰ. G649. 299. 641

中国国家版本馆 CIP 数据核字第 2024EX5328 号

RU LIN QI JING:YOU QIANNIAN XUEFU YUELU SHUYUAN

如临其境:游千年学府岳麓书院

编　　著:李　兵　钱哲昕

摄　　影:胡　骉

出 版 人:崔　灿

责任编辑:许　静　丁　利

责任校对:舒　舍

封面设计:罗志义

岳麓书社出版发行

地址:湖南省长沙市爱民路 47 号

直销电话:0731-88804152　0731-88885616

邮编:410006

版次:2024 年 9 月第 1 版

印次:2024 年 9 月第 1 次印刷

开本:890mm×1240mm　1/32

印张:9. 75

字数:160 千字

印数:1-5000

书号:ISBN 978-7-5538-2130-6

定价:78. 00 元

承印:长沙超峰印刷有限公司

如有印装质量问题,请与本社印务部联系

电话:0731-88884129